GOLDMANN

W0012351

Buch

»Eine gute Frage ist besser als tausend Antworten«, sagt ein chinesisches Sprichwort. Wer bei den Fragen der Psychotests in diesem Buch aufrichtig ist und ehrlich antwortet, der findet viele Anstöße für den ganz persönlichen Weg zur Selbsterkenntnis. Denn nicht nur das Ergebnis zählt bei diesen nach Themen geordneten Testbögen, sondern auch die spielerische Auseinandersetzung mit Stärken und Schwächen

Die Autoren

Oskar Holzberg ist als Psychotherapeut mit Schwerpunkt Körperpsychotherapie und als Supervisor in freier Praxis tätig. Er schreibt außerdem für die Zeitschrift »Brigitte« regelmäßig über psychologische Themen.
Claudia Clasen-Holzberg praktiziert als Körperpsychotherapeutin. Nebenberuflich publiziert sie und ist beratend für Autoren und Zeitschriften tätig. Sie leben mit ihren beiden Kindern in Hamburg.

Das große
Brigitte
Buch der

Psycho
Spiele

von Oskar Holzberg
und Claudia Clasen-Holzberg

Ein **Brigitte**-Buch
bei Goldmann

Bildnachweis: action press (124); W. Bokelberg/G+J Fotoservice (173); K. Degenhard (177 oben rechts); R. Eisele/G+J Fotoservice (119A); Bengt Foßhag (85-88, 231-235); Graphics-Fotos-Art (172 Foto: Will McBride); G+J Fotoservice (119B); H. Hoier (129-132); Detlef Kersten (122, 174); Michael Keudel (177 oben links); Herlinde Koelbl (165C); B. Kreye/G+J Fotoservice (120AA, 120BB, 120CC); Erik Liebermann (227); Charlotte March (177 unten); D. Merz/G+J Fotoservice (119D); Wolfgang Nowacki (28, 51-56, 76, 77, 78, 81); M. Rosenfeld/G+J Fotoservice (Tafel IV unten); Hans-Joachim Schmidt (Tafel III); W. Selitsch/G+J Fotoservice (119C); Elke Trechow (11-14, 120DD, 165A, 165B, 165D, 171); Renzo Trivellini (201-211); Günter Albert Ulmer Verlag (Tafel I, Tafel II); Sieglinde Willich (107, 179)

Umwelthinweis
Alle bedruckten Materialien dieses Taschenbuches
sind chlorfrei und umweltschonend.
Das Papier enthält Recycling-Anteile.

Der Goldmann Verlag ist ein Unternehmen
der Verlagsgruppe Bertelsmann

Vollständige Taschenbuchausgabe November 1995
Wilhelm Goldmann Verlag, München
© 1993 Mosaik Verlag GmbH, München
Gruner + Jahr AG & Co, Hamburg
Umschlaggestaltung: Design Team München
Lektorat: Marita Heinz
Herausgeberin: Anne Volk
Satz: All-Star-Type Hilse, München
Druck: Pressedruck Augsburg
ss · Herstellung: Martin Strohkendl
Made in Germany
ISBN 3-442-13864-7

1 3 5 7 9 10 8 6 4 2

Inhalt

Partnerschaft

Vorwort

Der Wunsch nach Selbsterkenntnis ist eines der grundlegendsten menschlichen Bedürfnisse. Seit jeher haben die Menschen versucht, durch Orakel, Visionen und Träume oder durch die Befragung weiser Frauen und Männer herauszufinden, wer sie sind. In unserem Jahrhundert hat sich die junge Wissenschaft der Psychologie dieser Fragen angenommen. Ihre Erkenntnisse bilden die Grundlage unserer Psycho-Spiele.

Als wir mit Psychotests für BRIGITTE begannen, waren wir zunächst skeptisch, wie sie aufgenommen werden würden. Bald erfuhren wir, daß fast jede(r) den Bleistift zückte. Uns wurde klar: nicht nur das Ergebnis zählt, sondern die Auseinandersetzung mit den eigenen Schwächen und Stärken anhand der Testfragen.

»Eine gute Frage ist besser als tausend Antworten«, sagt ein chinesisches Sprichwort. Wer aufrichtig ist und ehrlich antwortet, der findet in diesen Psychotests anregende Antworten für den ganz persönlichen Weg zur Selbsterkenntnis.

Die meisten Fragen in unseren Spielen sind für Frauen formuliert. Aber sie können natürlich auch von Männern beantwortet werden. (Männer neigen erfahrungsgemäß eher dazu, sie heimlich auszufüllen ...) Bei Partnertests ist ihre Mitarbeit allerdings offiziell nötig. Und was dabei für »ihn« formuliert wurde, gilt natürlich auch für Partnerinnen.

Hamburg im Januar 1993

OSKAR HOLZBERG
CLAUDIA CLASEN-HOLZBERG

Körper, Geist und Wahrnehmung

Wie gut ist Ihre Menschenkenntnis?

*Verstehen Sie Körpersprache? Das ist wichtig,
denn »die Sprache«, schreibt der
französische Schriftsteller Saint-Exupéry,
»ist die Quelle der Mißverständnisse«.
Wären wir allein auf Worte angewiesen, um uns
verständlich zu machen, ginge es zu wie beim
Turmbau zu Babel. Denn der größte Teil
zwischenmenschlicher Botschaften wird wortlos
übermittelt, durch Gesten, Mimik,
Körperhaltung, Kleidung oder Stimmlage.
Jedes Gespräch wird mit einer Vielzahl von Gesten
und Gesichtsausdrücken untermalt,
die zumeist viel mehr sagen als die
geäußerten Sätze. Bei einer Frage wie
»Würden Sie mir bitte Feuer geben?«
wird allein durch die Körpersprache bestimmt,
ob nur die Zigarette oder aber auch der
angesprochene Herr Feuer fängt. Menschen, die uns
vertraut sind, sehen wir »an der Nasenspitze an«,
wenn etwas nicht stimmt. Bei Unterhaltungen
merken wir am Ausdruck unseres Gegenübers,
ob wir ihn faszinieren oder langweilen.
Je besser wir diese wortlose Sprache verstehen,
desto sicherer können wir uns unter
Menschen bewegen.*

Kreuzen Sie jeweils die nach Ihrer Meinung zutreffende Antwort an. Entscheiden Sie sich dabei spontan und gefühlsmäßig; je mehr Sie nachdenken, desto stärker weichen Sie von Ihrer Intuition ab – und um die geht es ja gerade.

▶ Diese beiden Personen begrüßen sich. Wie ist vermutlich ihre Beziehung?

Verwandte/Freunde	2
Liebespaar	0
Ehepaar	1
Nicht zu entscheiden	0

▶ Worauf läßt es schließen, wenn jemand, der in einer Gesprächsrunde sitzt, die Arme vor der Brust verschränkt?

Er hält Ärger zurück.	0
Er langweilt sich.	0
Er möchte eigentlich gern Kontakt haben.	0
Daraus läßt sich gar nichts schließen.	1
Er zieht sich in sich zurück.	2

▶ Sind Sie schon einmal Menschen begegnet, die ein »Weinen« in der Stimme haben oder einen ständigen Vorwurf?

ja, öfter	2
nein, nie	0

▶ Achten Sie bei Gesprächen auf die Atmung Ihrer Gesprächspartner/Innen?

ja, oft	2
ja, selten	1
nein, nie	0

▶ Welche der hier abgebildeten Frauen würde sich bei einer Tätigkeit, in der es um schwierige mathematische Probleme geht, vermutlich besser bewähren?

1

0

1

Es ist nicht zu entscheiden.   2

▶ Welches Gefühl sehen sie in
diesen Gesichtern?

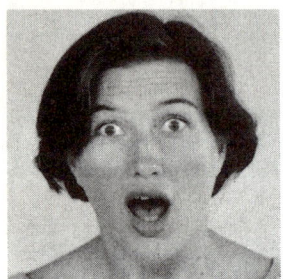

b) Freude ☐
a) Überraschung ☐
c) Angst ☐
d) nicht zu entscheiden ☐

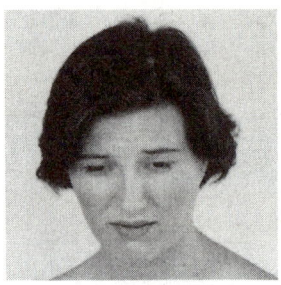

b) Nachdenklichkeit ☐
a) Traurigkeit ☐
c) Verbissenheit ☐
d) nicht zu entscheiden ☐

a) Wut ☐
b) Verletzung ☐
c) Spott ☐
d) nicht zu entscheiden ☐

c) Verführung ☐
d) Verwirrtheit ☐
b) Interesse ☐
a) nicht zu entscheiden ☐

Lesen Sie das auf den Kopf
gestellte und tragen Sie die

(für jedes angekreuzte a
gibt's einen Punkt)

Anzahl hier ein: ☐

▶ Worauf läßt sich schließen, wenn eine Frau während des Gesprächs mit einem Mann immer wieder an ihrem Ehering herumdreht?

Sie hat Eheprobleme.	1
Sie ist innerlich angespannt.	2
Sie versucht, mit ihrem Gegenüber zu flirten.	1
Es läßt sich gar nichts daraus schließen.	0

▶ Wenn jemand errötet, worauf weist das hin? Kreuzen Sie hier ausnahmsweise zwei Möglichkeiten an:

Angst	0
Zorn	1
Lügen	0
Freude	0
Verlegenheit	1
Überraschung	0

▶ Wenn jemand blaß wird, worauf weist das hin?

Schock	1
Verlegenheit	0
Lügen	0
Überraschung	0
Haß	0
Angst	1

▶ Die beiden Personen werden intim miteinander. Die Fotos sind in der Reihenfolge vertauscht. Welches ist die richtige Reihenfolge?

A

B

C

C-A-B	2
A-C-B	3
C-B-A	0
nicht zu entscheiden	0

▶ Die beiden Männer sind Arbeitskollegen, aber nicht befreundet. Ist nach Ihrer Einschätzung einer der beiden der Vorgesetzte des anderen? Und wenn ja, welcher von beiden?

▶ Auf welchem Foto flirtet der Mann? Oder flirtet er auf beiden?

der linke	2
der rechte	0
keiner von beiden	1
nicht zu entscheiden	1

Er flirtet auf beiden Fotos.	0
nur auf Foto links	2
nur auf Foto rechts	0
nicht zu entscheiden	1

▶ Welcher dieser drei Männer ist vermutlich geselliger?

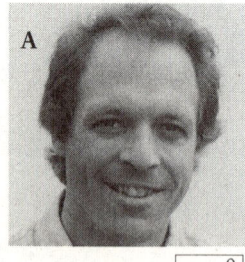

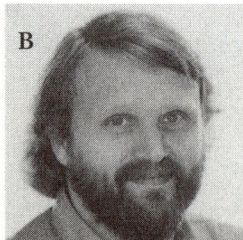

A	B	C
0	1	0
alle gleich 0	nicht zu entscheiden	2

Auswertung

Zählen Sie Ihre Punkte zusammen und lesen Sie die Ihrer Punktzahl entsprechende Auswertung.

23 bis 27 Punkte
Sie besitzen den »Durchblick« für Körpersprache und Gestik. Sie fallen nicht auf gängige Klischees und Vorurteile herein. Offensichtlich besitzen Sie den Mut, wirklich hinzuschauen und Ihren Intuitionen und Wahrnehmungen zu folgen, gleichgültig, was Ihr Gegenüber sagt. Dabei legen Sie Ihre eigenen Phantasien nicht in die Handlungen anderer Menschen hinein. Doch Vorsicht! Gerade dann, wenn es wichtig wird, wird es für Sie auch schwierig!
Denn sobald starke Gefühle beteiligt sind, laufen Sie Gefahr, zumindest auf einem Auge vor Liebe blind zu werden und die Eigenschaften, die Sie bei sich selbst nicht sehen wollen, auch in den Signalen der Partnerin oder des Partners auszublenden. Außerdem sollten Sie sich hüten, Ihre Fähigkeiten übertrieben einzusetzen und zu versuchen, Körpersignale bewußt auszusenden, um Erfolg zu haben oder sich anderen gegenüber besser durchzusetzen. Manchmal mag das gelingen, aber insgesamt ist es besser, sich der eigenen Signale nur bewußt zu sein, anstatt sie manipulativ einzusetzen. Denn auch Kundigen der Körpersprache gelingt es nur unvollständig, die Reichhaltigkeit der unbewußten Signale bewußt zu lenken – was ein Blick auf die Politiker im Fernsehen belegt. Sie persönlich würden dabei Ihr intuitives Vermögen zugunsten einer wenig erfolgversprechenden Taktik aufgeben.

18 bis 22 Punkte
Sie besitzen die Fähigkeit, Körpersprache und soziale Signale weitgehend richtig zu deuten. Andererseits entgeht Ihnen aber auch einiges, und Sie wüßten auf Befragen wahrscheinlich oftmals nicht, wie Sie eigentlich zu Ihren Urteilen gelangt sind. Trotzdem sind Sie genügend mit Menschen befaßt, um sich im Dschungel der Körpersprache ohne große Mühe zurechtzufinden. Niemand wird Ihnen lange etwas vormachen können, gleichzeitig sind Sie sich auch der Färbung Ihrer eigenen Brille bewußt, durch die Sie in die Welt schauen. Durch gezieltes Beobachten könnten Sie sicher Ihre Menschenkenntnis noch weiter verbessern.
Aber da Sie auch so ziemlich problemlos leben, werden Sie wenig Lust haben, sich solcher Mühe zu unterziehen. Möglicherweise beharren Sie gerade in Situationen,

in denen Sie schiefliegen, darauf, zu »wissen, was mit dem anderen los ist«. Situationen, in denen Sie sich Ihres Urteils sehr schnell absolut sicher sind, sollten Sie hellhörig machen. Denn sehr oft entspringt dieses schnelle Vor-Urteilen dem unbewußten Wunsch, etwas zu übersehen. Ein wenig Mißtrauen der eigenen Intuition gegenüber verhilft zu neuen Einsichten und Erfahrungen. Sie aber sind Grundlage für wirkliche Menschenkenntnis.

12 bis 17 Punkte

So manches Mal wird Ihnen ein X für ein U vorgemacht, und Sie merken es gar nicht. Da Sie unsicher im Erfassen zwischenmenschlicher Zeichen sind, orientieren Sie sich unbewußt an Vorurteilen und Halbwissen.

Damit werden Sie Ihren Mitmenschen nicht gerecht, sondern ordnen sie in Schubladen ein, in die sie nicht gehören. Sie neigen dazu, Personen Fähigkeiten oder Eigenschaften zuzuschreiben, die gar nicht vorhanden sind. Wahrscheinlich haben Sie gerade in gefühlsbetonten Beziehungen diese schmerzhafte Erfahrung schon gemacht: Nach einiger Zeit erkennen Sie, daß Sie in anderen viele Charakterzüge hineingesehen haben, die tatsächlich gar nicht vorhanden sind. Lassen Sie sich immer Zeit mit Ihren Urteilen, und festigen Sie Ihre Wahrnehmungen

durch Gespräche oder einen zweiten oder dritten Blick. Zwar steckt der »erste Eindruck« voll wichtiger Informationen, jedoch müssen Sie Ihre persönliche Offenheit erweitern, um frei dafür zu sein, alle einströmenden Informationen auch aufzunehmen.

0 bis 11 Punkte

Es fällt Ihnen ziemlich schwer, die Signale anderer Menschen zu verstehen. Nach dem Motto »Ich sehe was, was du nicht siehst« neigen Sie dazu, Ihre eigenen Gedanken und Gefühle in den möglichen Verhaltensweisen anderer Menschen wiederzuerkennen. Dadurch kommen Sie leicht zu falschen Schlüssen über Ihre Umwelt. FreundInnen und KollegInnen werden nicht gerade begeistert auf Ihre Fehlinterpretationen reagieren. Selbsterkenntnis ist für Sie der Weg zu besserer Menschenkenntnis. Einsicht in Ihre eigenen Verhaltensweisen wird Sie in die Lage versetzen, die Botschaften Ihrer Umwelt besser zu verstehen. Allerdings nutzt Ihnen dabei kein Studium im stillen Kämmerlein, sondern nur die aktive Auseinandersetzung mit Menschen. Sie brauchen mehr Kontakte und Erfahrungen, in denen Sie gefordert sind, einen Blick in Ihre Psyche zu werfen, damit Sie von anderen möglichst viele Rückmeldungen über Ihr eigenes Verhalten bekommen.

Sehen, Hören, Fühlen –
Was ist Ihre starke Seite?

Unsere Sinne sind die Kanäle, über die wir die Welt empfangen. Doch wir empfangen nicht auf allen Sinneskanälen gleich gut. Jeder bevorzugt unbewußt ein Sinnesorgan. Dieser Lieblingssinn bestimmt mit, wie wir sprechen, wie wir uns verhalten, was wir uns kaufen und mit wem wir uns gut verstehen. Jemand liegt tatsächlich auf unserer »Wellenlänge«, wenn er den gleichen Sinn bevorzugt wie wir. Partner, die unterschiedliche Sinneskanäle bevorzugen, reden leicht aneinander vorbei, ohne zu verstehen, wie es dazu kommt. Und auch, ob wir ein Sofa wegen seiner Form oder Farbe oder wegen der Bequemlichkeit kaufen, hängt von unserem dominanten Sinn ab. Wenn wir uns bewußt machen, welchen Sinneskanal wir oder andere bevorzugen, können wir uns besser verständigen. Und wir können unsere vernachlässigten Sinne bewußt fördern.

Sie finden hier eine Reihe von Aussagen und Meinungen; kreuzen Sie an, welche auf Sie zutreffen und welche nicht.

	trifft zu	trifft nicht zu
1 Ich liebe es, Wolken und Sterne zu betrachten.	☐	☐
2 Ich summe oft vor mich hin.	☐	☐
3 Eine Mode, die unbequem ist, mache ich nicht mit.	☐	☐
4 Ich genieße es, in die Sauna zu gehen.	☐	☐
5 Bei einem Auto ist es auch wichtig, welche Farbe es hat.	☐	☐
6 Ich kann schon an den Schritten erkennen, wer gleich den Raum betritt.	☐	☐
7 Dialekte nachzuahmen, macht mir Spaß.	☐	☐
8 Ich verwende viel Zeit auf mein Aussehen.	☐	☐
9 Ich genieße eine gute Massage über alles.	☐	☐
10 Eine meiner liebsten Freizeitbeschäftigungen ist es, Leute zu beobachten.	☐	☐
11 Ich fühle mich schnell unwohl, wenn ich keine ausgleichende Bewegung habe.	☐	☐
12 Ich erkenne im Schaufenster auf Anhieb, welches Kleidungsstück mir gut stehen wird.	☐	☐
13 Bei bestimmten Musikstücken werde ich sofort in vergangene Situationen versetzt.	☐	☐
14 Ich lese oft beim Essen.	☐	☐

	trifft zu	trifft nicht zu
15 Meine Telefonrechnungen sind immer sehr hoch.	☐	☐
16 Ich neige dazu, Gewicht anzusetzen.	☐	☐
17 Gedichte vorgelesen zu bekommen, ist viel schöner, als sie selber zu lesen.	☐	☐
18 Nach einem unerfreulichen Tag ist mein Körper angespannt.	☐	☐
19 Ich fotografiere gut und sehr gern.	☐	☐
20 An Sätze von FreundInnen und Bekannten erinnere ich mich noch tagelang.	☐	☐
21 Schnittblumen sind allemal ihr Geld wert, weil sie Haus und Büro so viel angenehmer machen.	☐	☐
22 Ich nehme abends sehr gern ein heißes Bad.	☐	☐
23 Ich schreibe mir meine persönlichen Ziele meistens auf.	☐	☐
24 Ich rede oft mit mir selbst.	☐	☐
25 Nach einer langen Autofahrt brauche ich eine ganze Weile, bis ich mich wieder entspannt und beweglich fühle.	☐	☐
26 Der Klang einer Stimme verrät mir schon viel über einen Menschen.	☐	☐
27 Ich beurteile Leute sehr stark danach, wie sie sich anziehen.	☐	☐

	trifft zu	trifft nicht zu

28 Ich strecke und ich rekele mich oft. ☐ ☐

29 Zu harte oder zu weiche Betten sind mir ein Greuel. ☐ ☐

30 Es ist gar nicht leicht, gute passende Schuhe zu finden. ☐ ☐

31 Ich gehe liebend gern ins Kino. ☐ ☐

32 Gesichter erkenne ich noch nach Jahren wieder. ☐ ☐

33 Ich mag es, durch den Regen zu gehen und dem Prasseln der Regentropfen auf dem Schirm zu lauschen. ☐ ☐

34 Ich bin eine gute Zuhörerin. ☐ ☐

35 Ich tanze gern und treibe in meiner freien Zeit oft Sport oder Gymnastik. ☐ ☐

36 Wenn in der Nähe eine Uhr tickt, kann ich nur sehr schwer einschlafen. ☐ ☐

37 Ich besitze eine gute Stereoanlage. ☐ ☐

38 Sobald irgendwo Musik erklingt, beginne ich mit dem Fuß den Rhythmus zu klopfen. ☐ ☐

39 Am liebsten würde ich im Urlaub keine Sehenswürdigkeit auslassen. ☐ ☐

40 Ich kann es nicht ausstehen, wenn meine Wohnung unordentlich ist. ☐ ☐

41 Ich kann synthetische Kleidung nicht gut tragen. ☐ ☐

42 Die Beleuchtung in einem Raum schafft erst die Atmosphäre. ☐ ☐

43 Ich gehe sehr häufig in Konzerte. ☐ ☐

44 Allein wie mir jemand die Hand gibt, verrät mir schon viel über diese Person. ☐ ☐

45 Ich besuche häufig Galerien und Ausstellungen. ☐ ☐

46 Intensive Gespräche sind für mich sehr wichtig. ☐ ☐

47 Durch eine Berührung läßt sich oft viel mehr ausdrücken als durch Worte. ☐ ☐

48 In einer lauten Umgebung kann ich mich überhaupt nicht konzentrieren. ☐ ☐

Kreuzen Sie nun in dieser Tabelle an, bei welchen Fragen Sie mit »trifft zu« geantwortet haben, und zählen Sie die Kreuze zusammen

Typ A (Sehen)

1	5	8	10	12	14	19	21	23	27	31	32	39	40	42	45	

Typ B (Fühlen)

3	4	9	11	16	18	22	25	28	29	30	35	38	41	44	47	

Typ C (Hören)

2	6	7	13	15	17	20	24	26	33	34	36	37	43	46	48	

Auswertung

Den Kontakt zur Umwelt bestimmen nur drei unserer Sinne: Sehen, Hören und Berühren/Fühlen. Geruchs- und Geschmackssinn vermitteln kein vollständiges Bild unserer Umgebung und sind nur in bestimmten Situationen wichtig, etwa beim Essen oder bei körperlicher Nähe.

Über Auge, Ohr, Hand und Körper aber erfahren wir das Leben. In einem vielschichtigen Prozeß wählen wir aus den Milliarden auf uns einströmenden Informationen einzelne heraus, nehmen sie auf und vergleichen sie mit den uns schon bekannten. Welchen Sinneskanal Sie bevorzugt benutzen, entscheidet darüber, ob Sie beim Kauf einer neuen Sitzecke mehr auf deren Form und Farbe achten oder darauf, wie bequem sie ist oder ob sie etwa knarrt, wenn man sich hineinsetzt. Manche Frau mag sich schon in ihrem persönlichen Geschmack abgelehnt gefühlt haben, weil sie die Einwände des Partners nicht nachvollziehen konnte. Ein »Sehtyp« stellt sich vor, wie die Vorhänge farblich zum Bezugsstoff der Sitzecke passen. Alle Zweifel des Partners, der als »Fühltyp« gleich einen Sitztest veranstaltet hat, sind für den »Sehtyp« nur nebensächliche Einwände.

Mit dem Test haben Sie herausgefunden, welcher »Sinnestyp« Sie sind: Die Kategorie, der Sie die meisten Ihrer Antworten zugeordnet haben, verrät Ihnen mit einiger Sicherheit den Sinneskanal, über den Sie zumeist Informationen sammeln.

Ein Hörtyp redet anders als der Sehtyp. Auch die Sprache eines Menschen verrät den Sinnestyp, dem er angehört.

Ein Sehtyp drückt sich durch Worte und Sätze aus, die mit dem Sehen, mit Bildern und Vorstellungen verbunden sind:
»Ich sehe das nicht ein!«
»Das wirft natürlich Licht auf die Sache!«
»Nachdem ich einen Einblick hatte, erschien mir die Sache sinnvoll.«
»Er ist wirklich eine strahlende Persönlichkeit, ein leuchtendes Vorbild.«
Zeichnungen, bildhafte Beschreibungen oder Fotografien sagen dem Sehtyp mehr als Worte. Alles Schaubare, wie Kleidung, Farben, Formen, Aussehen, Unordnung, nimmt er sofort wahr.

Ein Fühltyp gebraucht dagegen häufig Sätze oder Worte wie diese:
»Ich begreife das nicht!«
»Die Atmosphäre in dem Raum war sehr bedrückend.«

»Seine Worte berührten mich tief.«
»Bei dieser Angelegenheit überkam mich ein ungutes Gefühl.«
»Dies Geschenk war wie ein warmer Regen für mich.«
Die Ausdrücke der Fühltypen entstammen den Bereichen des Fühlens, Tastens und Bewegens. Fühltypen lassen sich gern anfassen, lieben Bequemlichkeit und körperliche Bestätigung, um sich wohl zu fühlen. In Gesprächen interessieren sie das innere Erleben und Fühlen.

Der Hörtyp ist dagegen ganz Ohr:
»Was du mir da vorträgst, verstehe ich nicht.«
»Diese Nachricht klingt gut und sagt mir eine ganze Menge.«
»Die Landschaft wirkte sehr beruhigend auf mich.«
»Ich mag diese schrillen Kontraste nicht.«
Für diesen Typ ist alles Akustische von großer Bedeutung, seien es Geräusche, Worte oder Musik. Einem Fühltyp gegenüber sollten wir unsere Sätze wohl bedenken, denn sie dringen viel tiefer in ihn als in andere Menschen. Achten Sie in einem Gespräch ein paar Sätze lang nicht so sehr auf den Inhalt des Gesagten, sondern auf die »sinnliche Verpackung«, und Sie finden nach einigem Training sehr schnell heraus, mit welchem Sinnestyp Sie es zu tun haben. Wenn Sie sich jetzt auf Ihre GesprächspartnerInnen einstellen, dann laufen Sie weniger Gefahr, daß Ihre Worte für den Partner, für FreundInnen oder KundInnen keinen »Sinn« ergeben. Im Gegenteil: Manche Beziehung wird einfacher, manche Unterredung befriedigender, und Ihr Gegenüber hat zu Recht das Gefühl, Ihnen mehr vertrauen zu können.

Wenn Sie von einem aufregenden Ferienerlebnis erzählen, dann können Sie je nach Sinnestyp sagen:

… zu einem Sehtyp:
»Kannst du dir vorstellen, was sich da direkt vor meinen Augen abspielte?« und beschreiben die Situation bildhaft und genau.

… zu einem Fühltyp:
»Du machst dir einfach keinen Begriff, wie ich mich gefühlt habe«, und schildern Ihre inneren Gefühle in der Situation.

… zu einem Hörtyp:
»Laß dir erzählen, was ich alles zu hören bekam« und berichten ausführlich, welche Wortwechsel stattgefunden haben.

Dies sind keine Taschenspielertricks, sondern nur Anregungen, bewußt die Möglichkeiten zu nutzen, die uns gegeben sind. Statt uns auf eine Erlebnisweise einzuengen, machen wir uns alle Kanäle verfügbar. Je offener wir für die unterschiedlichen Sinnesbereiche sind, desto besser.
Woher wissen Sie zum Beispiel, daß jemand Sie mag? Als Sehtyp

vielleicht daher, wie andere Sie anschauen, als Hörtyp aus dem, was andere Ihnen sagen, als Fühltyp aus der Art, wie Sie berührt werden. Ist man sich aber der Sinnestypen nicht bewußt, dann ist dies womöglich eine typische Situation:

Sie hat den Eindruck, er liebt sie nicht mehr. Sie sagt es ihm. Er sagt: »Ach, Unsinn, wie kommst du nur darauf?« und nimmt sie in den Arm. Sie windet sich heraus, denn er hat sie nur kurz dabei angesehen, und sagt: »Laß das bitte, das ist jetzt wirklich nicht der richtige Zeitpunkt!« Das macht ihn sauer: »Soll ich dir mal was sagen? Du magst mich gar nicht mehr, ständig gehst du auf Distanz!« Der Streit geht los, die Gefühle sind verletzt. Als »Eingeweihte« haben Sie erkannt, daß sie ein Sehtyp ist und er ein Fühltyp. Sie vermißt den Augenkontakt und schließt daraus unbewußt: Er mag mich nicht mehr! – Er versteht ihr Bedürfnis nicht und drückt seine Gefühle auf seine Art aus, indem er sie berührt. Das ist aber nicht das Signal, auf das sie wartet, und so wehrt sie ihn ab, da sie sich unverstanden fühlt. Diese Ablehnung versteht er natürlich wieder falsch, denn sein Ausdruck von Zuwendung wird zurückgestoßen. Das verletzt ihn, und er muß nun glauben, daß sie ihn nicht mag. Dabei müßten beide nur verstehen, daß man mit den Augen streicheln und den Händen schauen kann ...

Wo steckt der Streß in Ihrem Leben?

»Ich bin total gestreßt!« Dieser Satz ist längst ein Schlagwort geworden, das mehr verbirgt, als es erhellt. Denn ohne Streß könnten wir gar nicht leben. Unser Organismus braucht An- und Aufregung, braucht Stimulation und die daraus resultierende Grundspannung, um zu leben. Erst ein Zuviel an belastender Erregung verursacht negativen, schädigenden Streß, erst unsere innere negative Bewertung macht aus einer fordernden Situation Streß. Wo wir gegen unsere Bedürfnisse handeln, beginnt die Belastung. Jeder unserer Lebensbereiche kann davon befallen sein, aus dem Gleichgewicht geraten und dann für uns stressig werden. Auszuspannen und sich mal hängen zu lassen, bringt nichts, wenn wir nicht erkennen, wo unser Leben die Balance verloren hat. Wenn wir dies aber wissen, können wir gezielt eingreifen. Dann haben wir eine Chance, wieder streßfrei zu leben.

Beantworten Sie die Fragen, und zählen Sie Ihre Punktzahlen für die einzelnen Bereiche getrennt zusammen.

Gesundheit

▶ Ich habe jeden Tag wenigstens eine halbe Stunde, in der ich ungestört bin und abschalte.

stimmt	1
stimmt nicht	3

▶ Ich habe für meine Größe Übergewicht.

stimmt	3
stimmt nicht	1

▶ Ich rauche nicht mehr als ein halbe Schachtel Zigaretten pro Woche.

stimmt	1
stimmt nicht	3

▶ Ich trainiere wenigstens zweimal die Woche so, daß ich stark ins Schwitzen komme.

stimmt	1
stimmt nicht	3

▶ Ich schlafe wenigstens vier Tage in der Woche 7–8 Stunden lang.

stimmt	1
stimmt nicht	3

▶ Ich nehme regelmäßig Schlaf-, Beruhigungs-, Schmerz- oder Aufputschmittel

stimmt	3
stimmt nicht	1

▶ Ich nehme mindestens einmal am Tag in Ruhe eine warme Mahlzeit zu mir.

stimmt	1
stimmt nicht	3

▶ Ich trinke weniger als drei Tassen (Gläser) Kaffee, Tee oder Cola pro Tag.

stimmt	1
stimmt nicht	3

▶ Ich trinke weniger als fünf Gläser mit alkoholischen Getränken pro Woche.

stimmt	1
stimmt nicht	3

▶ Ich esse jeden Tag Süßigkeiten.

stimmt	3
stimmt nicht	1

Beziehungen

▶ Ich empfinde mein Sexualleben als völlig befriedigend.

stimmt	1
stimmt nicht	3

▶ Es gibt mindestens zwei Menschen in meinem Leben, denen ich meine ganz persönlichen Gefühle offen mitteile.

stimmt	1
stimmt nicht	3

▶ Wenn in meiner Partnerschaft/Familie etwas nicht stimmt, dauert es nie lange, bis wir darüber sprechen.

stimmt	1
stimmt nicht	3

▶ Ich führe einige Freundschaften weiter, obwohl ich das Gefühl habe, uns verbindet nicht mehr viel.

stimmt	3
stimmt nicht	1

▶ Einige meiner Freundschaften bestehen schon seit Jahren.

stimmt	1
stimmt nicht	3

▶ Wenn ich heute in Geldnot käme, wüßte ich FreundInnen und Bekannte, die sofort für mich einspringen würden.

stimmt	1
stimmt nicht	3

▶ Ich habe so viele körperliche Kontakte, wie ich mir wünsche.

stimmt	1
stimmt nicht	3

▶ Mir fehlt ein fester Partner oder Freundeskreis.

stimmt	3
stimmt nicht	1

▶ Mindestens einmal in der Woche unternehme ich abends etwas, das mir Spaß macht.

stimmt	1
stimmt nicht	3

▶ Ich gehöre einer festen Clique, einem Club, Interessenkreis oder Verein an.

stimmt	1
stimmt nicht	3

Lebensplanung

▶ Es regt mich sehr auf, wenn meine Pläne durch die Nachlässigkeit anderer umgeworfen werden.

stimmt	3
stimmt nicht	1

▶ Ich bin eine ungeduldige Patientin, wenn ich plötzlich krank werde.

stimmt	1
stimmt nicht	3

▶ Nach Trennungen von einem Partner habe ich immer sehr lange gebraucht, um mich wieder zurechtzufinden.

stimmt	3
stimmt nicht	1

▶ Ich kann es nicht leiden, wenn jemand kurzfristig eine Verabredung mit mir absagt.

stimmt	3
stimmt nicht	1

▶ Auf Reisen, die nicht gut organisiert sind, kann ich mich nicht gut erholen.

stimmt	3
stimmt nicht	1

▶ Nach einem handfesten Krach verstehe ich mich oft sehr gut mit meiner Streitpartnerin/meinem Streitpartner.

stimmt	1
stimmt nicht	3

▶ Ich improvisiere oft Mahlzeiten und andere Dinge im Haushalt.

stimmt	1
stimmt nicht	3

▶ Bei mir zu Hause lache ich oft
über Mißgeschicke.

stimmt	1
stimmt nicht	3

▶ Ich kann Menschen, die
andauernd ihre Meinung ändern,
nicht leiden.

stimmt	3
stimmt nicht	1

▶ Ich lebe gern mit Kindern zusammen bzw. würde das gern tun.

stimmt	1
stimmt nicht	3

Innere Ruhe
▶ Ich bin oft unglücklich.

stimmt	1
stimmt nicht	3

▶ Ich unterbreche meine
GesprächspartnerInnen oft.

stimmt	3
stimmt nicht	1

▶ Ich esse meist schneller als
meine TischgenossInnen.

stimmt	3
stimmt nicht	1

▶ Ich fahre eigentlich selten aus
der Haut.

stimmt	1
stimmt nicht	3

▶ Es macht mir nichts aus, vor
anderen Menschen kritisiert zu
werden.

stimmt	1
stimmt nicht	3

▶ Während ich eine Aufgabe
erledige, bin ich in Gedanken
oft schon mit der nächsten
beschäftigt.

stimmt	3
stimmt nicht	1

▶ Ich versuche, alle meine
Aufgaben hundertprozentig
zu erledigen.

stimmt	3
stimmt nicht	1

▶ Ich habe meine Interessen
immer mit Kampf und Auseinandersetzung durchsetzen müssen.

stimmt	3
stimmt nicht	1

▶ Es macht mich richtig nervös,
in einer Schlange zu stehen und
zu warten.

stimmt	3
stimmt nicht	1

▶ Die meisten Menschen halten
leider nicht, was sie versprechen.

stimmt	3
stimmt nicht	1

Alltag
▶ Die Aufgabenverteilung in
meiner Partnerschaft/Familie
entspricht meinen Wünschen.

stimmt	1
stimmt nicht	3

▶ Viele Menschen verhalten sich
heutzutage rücksichtslos.

stimmt	3
stimmt nicht	1

► Ich kann es meistens nicht ausstehen, wenn mein Partner noch Arbeit mit nach Hause bringt.

stimmt [3]
stimmt nicht [1]

► Ich würde am liebsten von allen Menschen wissen, was sie von mir denken.

stimmt [3]
stimmt nicht [1]

► Wenn ich krank bin, ist das kein Problem – dann übernimmt mein Partner, eine Freundin oder ein Freund den Haushalt.

stimmt [1]
stimmt nicht [3]

► Ich kann niemandem, den ich mag, eine Bitte abschlagen.

stimmt [3]
stimmt nicht [1]

► Das Leben ist ungerecht.

stimmt [3]
stimmt nicht [1]

► Ich träume oft davon, etwas anderes als »nur« Hausfrau oder »nur« Berufsfrau zu sein.

stimmt [3]
stimmt nicht [1]

► Wenn ich zurückdenke, haben sich die wichtigsten meiner Wünsche verwirklicht.

stimmt [1]
stimmt nicht [3]

► Oft erscheint mir das tägliche Einerlei richtig sinnlos.

stimmt [3]
stimmt nicht [1]

Berufswelt

► Ich bin völlig mit Arbeit überlastet oder unterbelastet.

stimmt [3]
stimmt nicht [1]

► Ich erfahre immer nur, wenn man mit meiner Arbeit nicht zufrieden ist.

stimmt [3]
stimmt nicht [1]

► Ich wünsche mir, Privatleben und Beruf mehr mit meinem Partner zu teilen.

stimmt [3]
stimmt nicht [1]

► Die Mutter meines Partners war die meiste Zeit berufstätig, als er ein Kind war.

stimmt [1]
stimmt nicht [3]

► Ich lebe mit ungelösten Konflikten an meiner Arbeitsstelle.

stimmt [3]
stimmt nicht [1]

► Ich habe das Gefühl, zu wenig/zu sehr für meine Arbeit qualifiziert zu sein.

stimmt [3]
stimmt nicht [1]

▶ Ich habe keinerlei Einfluß auf Entscheidungen »von oben«.

stimmt [3]
stimmt nicht [1]

▶ In meiner Arbeit verwirkliche ich viele meiner persönlichen Interessen.

stimmt [1]
stimmt nicht [3]

▶ Ich habe gute persönliche Beziehungen zu meinen ArbeitskollegInnen.

stimmt [1]
stimmt nicht [3]

▶ Ich schaffe es oft nur mit größter Anstrengung, Beruf und Familie zu bewältigen.

stimmt [3]
stimmt nicht [1]

Punkte   Gesundheit | Beziehungen | Lebensplanung | Innere Ruhe | Alltag | Berufwelt

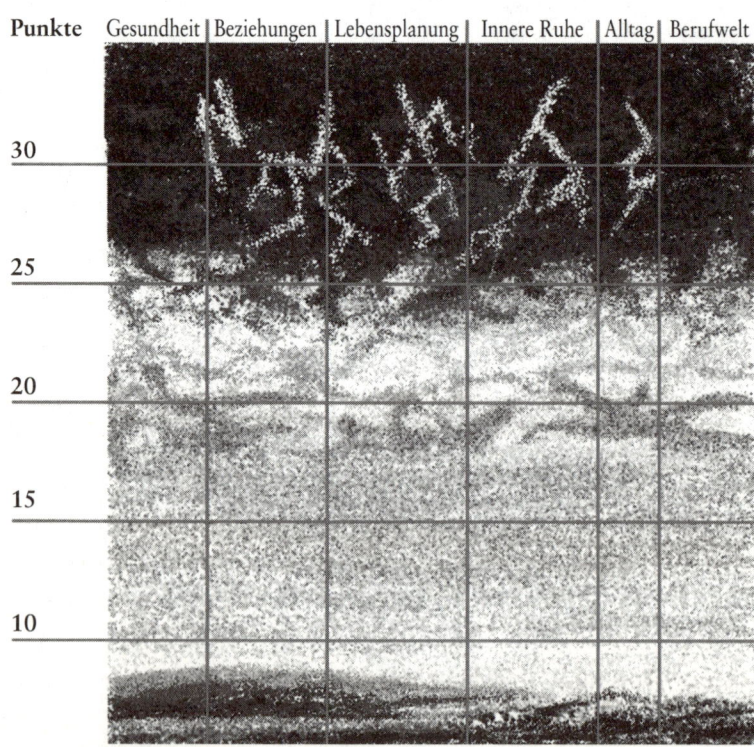

30

25

20

15

10

Auswertung

Tragen Sie Ihre Punktzahlen für alle Bereiche in die Landschaftszeichnung auf der vorigen Seite ein. Liegt Ihre Zahl im friedlichen blauen Himmel, ist auf diesem Gebiet alles okay. Liegt sie in hellen Wolken, heißt das: nur gelegentlich ungesunder Streß auf diesem Gebiet. Und liegt sie in den dunklen Gewitterwolken, bedeutet das: Vorsicht, hier sind Sie sehr gestreßt. Woher das kommt und was Sie dagegen tun können, steht in der folgenden Auswertung.

Gesundheit
Frühmorgens zwei Tassen extra starker Kaffee, damit der Kreislauf in Gang kommt. Abends ein Fläschchen Wein zum Entspannen. Dazwischen Zigaretten, Kantinen-Essen, Kaffee, Süßigkeiten. Und als Höhepunkt des Tages vor dem Fernseher einschlafen … Nikotin, Alkohol, Koffein – die »kleinen Helfer« im Alltagsstreß machen alles nur noch schlimmer. Sie schwächen den Organismus und machen streßanfälliger. Durch ihre anregende oder beruhigende Wirkung setzen wir uns so lange über die Bedürfnisse von Körper und Psyche hinweg, bis wir die Fähigkeit, zu entspannen und uns selbst auszubalancieren, verloren haben. Wirklich helfen würden Ihnen so gesunde Dinge wie Bewe-

gung, Schlaf und eine ausgeglichene Ernährung. Und das sogar doppelt: Sie kräftigen einerseits und geben andererseits das Gefühl, etwas Gutes für sich selbst zu tun. Aus Ihren Antworten können Sie Ihre Gesundheitssünden ablesen. Wenn Sie anfangen wollen, gesünder zu leben, dann sollten Sie zwei Dinge beachten: Erstens kann es ungeheuer stressig sein, restlos auf alle Sünden zu verzichten. Und zweitens – aus Unvernunft allein greift niemand die eigene Gesundheit an. Dahinter verbirgt sich irgendein Problem, dem sie sich nicht stellen. Sie schädigen sich lieber selbst, als eine unbefriedigende Situation zu verändern. Falls Sie nicht wissen, welchem Problem Sie ausweichen, dann achten Sie darauf, wann und zu welchen Gelegenheiten Sie zu den »kleinen Helfern« greifen.

Beziehungen
Nichts schützt besser vor Streß als Nähe, Vertrauen und Verständnis. Da nicht immer alles im Leben glattgeht, brauchen wir das Gefühl, daß uns jemand vorbehaltlos unterstützt. Wir suchen Geborgenheit, damit wir uns von den Anforderungen des Alltags erholen, unseren inneren Druck loswerden können. Weil wir nicht immer nur belastbarer, verantwortlicher

Erwachsener, sondern auch mal behütetes, unbeschwertes Kind sein möchten. Je beständiger und liebevoller unsere Kontakte sind, desto eher finden wir diese Möglichkeiten und desto leichter können wir Streß ausgleichen und ertragen. So erholen sich Verheiratete bedeutend besser von Herzinfarkten als Unverheiratete.

Falls Zwischenmenschliches ein Problem für Sie ist: Nicht der Rückzug ins stille Kämmerchen, sondern neue Bekanntschaften und die Vertiefung schon bestehender Beziehungen hilft, mit Streß zurechtzukommen.

Lebensplanung

Es passiert immer mal wieder: Der Zug fährt uns vor der Nase weg, die Wohnung wird plötzlich gekündigt, Gäste sagen kurzfristig ab, oder der Geliebte macht sich einfach aus dem Staub. Solche Situationen wollen überstanden sein. Und dabei scheiden sich die Geister: Einige Menschen finden das Leben nunmehr scheußlich und verbringen unvorstellbar viel Kraft und Zeit damit, sich zu überlegen, was man an der Tatsache ändern kann, daß sich nichts mehr ändern läßt. Die anderen wenden sich mit aller Energie der neuen Situation zu und versuchen, gute Seiten daran zu entdecken. Das sind die LebenskünstlerInnen, deren ganzes Geheimnis die Einsicht ist, daß es nicht lohnt, sich über Unveränderliches aufzuregen. Sie machen einfach das Beste aus

der neuen Lage. Wer so mit Veränderungen umgeht – das belegen Untersuchungen –, hat halb soviel Streß wie andere. Machen Sie sich klar, daß nicht immer alles nach Ihren Vorstellungen ablaufen kann. Je genauer Sie alles planen und berechnen, desto größer ist auch die Wahrscheinlichkeit, daß etwas schiefgeht. Perfektion anzustreben bringt nur weiteren Streß. Üben Sie sich darin, Dinge auch einmal ungeplant und offen zu lassen, und improvisieren Sie öfter einmal. Dabei werden Sie Ihre eigene Kreativität entdecken, und die wird Ihnen besser als jeder noch so gut durchdachte Plan helfen, Ihre hinter dem Perfektionismus wahrscheinlich schlummernde Angst vorm Versagen zu bewältigen.

Innere Ruhe

Ständig ist noch viel zuviel zu erledigen, immer könnte es noch besser gemacht werden – wenn Sie sich selbst unter solchen Druck setzen, dann gehören Sie zu den ZeitgenossInnen, die leichtfertig mit ihrer Gesundheit jonglieren. Scheinbar sind es die Verpflichtungen und Forderungen der Umwelt, doch in Wirklichkeit sind es die eigenen Ansprüche, die Sie bedrücken. Sie sind sich selbst nie gut genug. Dieses Gefühl hat seinen Ursprung meist in der Kindheit: Als Kind haben Sie sich wahrscheinlich mächtig anstrengen müssen, um den Eltern zu gefallen. Mittlerweile ist daraus die

Unfähigkeit geworden, richtig zu entspannen und abzuschalten – sich auch einmal gehen zu lassen. Ganz einfach einmal so zu sein, wie man ist.

Wenn Sie Glück haben, können Sie Ihren inneren Druck und Ihren leicht erregbaren Ärger erfolgreich zwischen Konferenztischen und Telefonverbindungen ausleben. Doch wenn Sie nicht in einer solchen Position arbeiten, findet Ihr Ehrgeiz wahrscheinlich keine Möglichkeit, sich auszutoben, und keine Erfolge bescheren Ihnen innere Gelassenheit. Sie müssen Entspannung genauso systematisch in Ihr Leben einführen, wie Sie sie daraus verdrängt haben. Yoga, Meditation oder Autogenes Training können Ihnen dabei helfen. Wichtig ist, daß Sie das fest in Ihren Terminplan einbauen. So ganz nebenbei werden Sie nämlich nie dazu kommen, sondern weiter glauben, dieses oder jenes müsse erst noch erledigt sein, bevor Sie zu sich selbst kommen können. Vergessen Sie nie: Der Druck, den Sie spüren, kommt nicht von außen, sondern von da, wo Sie ihn spüren, von da, wo er verursacht wird – nämlich in Ihnen selbst.

Alltag

Putzen, Einkaufen, Waschen und Bügeln sind trotz vielgepriesener Haushaltshelfer keine erfreuliche Freizeitbeschäftigung geworden, und die Anerkennung und Bestätigung, die jeder Mensch braucht, kommt weder aus der Waschmaschine noch von den widerspenstigen Kindern. Nur noch wenige Frauen fühlen sich auf Dauer in der klassischen Frauenrolle – die die Frau ins Haus verbannt und dort beläßt – wohl. In dieser Rolle zu verharren, bedeutet, passiv und angepaßt zu bleiben und sich die Möglichkeit zu nehmen, Selbstvertrauen zu entwickeln. Der Streß, der daraus entsteht, ist gekennzeichnet von der Ängstlichkeit, die Abhängigkeit immer mit sich bringt. Solange keine befriedigende Verteilung der Aufgaben mit dem Partner gefunden wurde, bleibt der Streß bestehen. Eine Patentlösung gibt es nicht. Der Weg aus solcher Selbstunterforderung beginnt damit, Forderungen an die Umwelt zu stellen und sie Stück für Stück in die Tat umzusetzen.

Berufswelt

Streß am Arbeitsplatz wird für normal gehalten. Schließlich soll der Rubel ja rollen. Da wird jeden Tag aufs neue in den sauren Streßapfel gebissen, aber unternommen wird nichts. Man fühlt sich abhängig von Job und ChefIn, hat oft das Gefühl, »doch nichts machen« und »andere nicht verändern« zu können. Ist eine Frau durch Haushalt und Beruf doppelt belastet oder hat sie einen Ehemann, der im Grunde keine arbeitende Frau möchte, wächst ihr Berufsstreß ins Unermeßliche. Ausgleichende Tätigkeiten, wirklich freie Wochenenden, Sport, Spiel und Entspannung sind eine Möglichkeit, dem Streß des Arbeitsalltags zu Leibe zu rücken. Doch sehr oft reicht dieses »Ausgleichen« nicht. Die Ursachen der Belastung müssen an Ort und Stelle abgebaut und beseitigt werden. Und dazu bedarf es zumeist etwas Mut und Durchsetzungsvermögen. Denn natürlich müssen Sie mit Ihrer Kollegin oder Ihrem Kollegen weiterhin im selben Raum zusammenarbeiten – aber ist es nicht gerade deshalb sinnvoll, Ihren Ärger zu zeigen?

Und wenn Sie sich von Ihrer oder Ihrem Vorgesetzten schlecht behandelt fühlen, was kann stilles Grollen verbessern, wenn sie oder er selbst nie etwas davon merkt? Wer bei der Arbeit ewig kuscht, wird den Frust in der Familie ausleben oder hochprozentigen Sachen zusprechen. Angepaßtes Verhalten, so haben Untersuchungen gezeigt, macht hilflos gegen Streß und letztlich krank. Wer sich nicht wehrt, lebt also nicht nur verkehrt, sondern auch stressig und ungesund. Klärende Worte machen nicht nur die Situation klarer. Sie stärken vor allem Ihr Selbstbewußtsein, weil Sie dabei die Opferrolle verlassen. Sie führen vielleicht sogar zu Solidarität und mehr zwischenmenschlichem Kontakt. Berufsstreß zu beseitigen ist nicht einfach. Aber so zu tun, als sei er unvermeidlich, ist stressiger Unsinn und unsinniger Streß.

Können Sie genießen?

*»Er ist ein Genießer!« – das sagen wir nicht ohne
einen gewissen Neid. Einem Menschen, der zu
genießen versteht, schreiben wir positive
Eigenschaften zu, die wir auch gerne hätten:
Im Augenblick leben zu können, sinnlich intensiv
zu erleben, Zufriedenheit zu gewinnen, frei von
Scham-, Schuld- oder Reuegefühlen zu sein.
Genießen ist die Kunst der LebenskünstlerInnen.
Es bedeutet, in jeder noch so alltäglichen Situation
das Besondere zu entdecken und sich daran zu
erfreuen. Verbote aus unserer Kindheit und Regeln
unserer Leistungsgesellschaft vermiesen uns den
Genuß. Was nützen die herrlichsten Speisen,
die erregendsten Momente, wenn wir uns dabei
faul, egoistisch oder oberflächlich vorkommen und
Angst davor haben, durch Genuß die Kontrolle
über unser Leben zu verlieren? Wieder genießen zu
lernen, ist kein Luxus, sondern lebenswichtig. Denn
wenn wir die Freude an unseren Sinnen verlieren,
verliert unser Leben seinen Sinn.*

Kreuzen Sie bei den folgenden Fragen und Aussagen bitte jeweils die Antwort an, die eher für Sie zutrifft.

▶ Lieblingsmusik – ich kann sofort sagen, was gerade in meiner Gunst am höchsten steht.

    stimmt   E
    stimmt nicht   A

▶ Frühstück – um das zu genießen, nehme ich mir fast immer Zeit.

    stimmt   E
    stimmt nicht   D, A

▶ Naschen – das habe ich mir längst abgewöhnt.

    stimmt   B
    stimmt nicht   C

▶ Gruselfilme – da schaue ich weg, wenn es spannend wird.

    stimmt   C
    stimmt nicht   E

▶ Landschaft – es gibt Orte, an die zieht es mich immer wieder.

    stimmt   E
    stimmt nicht   A

▶ Tagträume – ich lasse mir manchmal Zeit für Tagträume oder Phantasien.

    stimmt   E
    stimmt nicht   D

▶ Klatsch – wenn er aufregend ist, muß ich ihn (ehrlich gesagt) unbedingt gleich weitertragen.

    stimmt   C
    stimmt nicht   E

▶ Sexualität – dabei kann ich alles vergessen und total den Kopf verlieren.

    stimmt   E
    stimmt nicht   B

▶ Geld – ich gebe es leicht aus und lebe oft über meine Verhältnisse.

    stimmt   C
    stimmt nicht   E

▶ Parfüm – ich benutze verschiedene, je nach Stimmung.

    stimmt   E
    stimmt nicht   A

▶ Urlaub – manchmal war ich auch froh, wieder zu Hause zu sein und meine Arbeit wieder aufzunehmen.

    stimmt   D
    stimmt nicht   E

▶ Flirts – da bin ich jederzeit dabei.

    stimmt   E
    stimmt nicht   B

▶ Sonnenaufgang – um den zu erleben, bin ich schon mitten in der Nacht aufgestanden.

    stimmt   A
    stimmt nicht   C

▶ Veränderung – ich sehe sofort, wenn eine meiner Bekannten eine neue Frisur oder ein anderes Make-up hat.

    stimmt   E
    stimmt nicht   A

▶ Faulenzen – das liegt mir nicht; ich tue es fast nie.

stimmt ☐ D
stimmt nicht ☐ E

▶ Dumme Sprüche – die rutschen mir in einer beklemmenden Situation schon mal raus.

stimmt ☐ E
stimmt nicht ☐ B

▶ Sprache – ich kann mich gut ausdrücken und meine Gefühle und Empfindungen verständlich machen.

stimmt ☐ E
stimmt nicht ☐ A

▶ Pläne – ich habe schon öfter Projekte, Ausbildungen usw. kurzfristig wieder abgebrochen.

stimmt ☐ C
stimmt nicht ☐ D

▶ Liebesspiel – ganz nach meiner Stimmung genieße ich mal dies und mal das.

stimmt ☐ E
stimmt nicht ☐ B, A

▶ Gutes Essen – wenn es davon reichlich auf einem Fest gibt, lange ich schon einmal kräftiger zu, als mir guttut.

stimmt ☐ C
stimmt nicht ☐ E

▶ Verreisen – ich nehme, entgegen allen guten Vorsätzen, immer wieder viel zuviel Gepäck mit.

stimmt ☐ C
stimmt nicht ☐ E

▶ Vergnügen – man sollte sich nichts vormachen. Erst kommt die Arbeit, dann das Vergnügen.

stimmt ☐ D
stimmt nicht ☐ C

▶ Restaurants – wenn die Bedienung unfreundlich ist und mir die Einrichtung nicht gefällt, kann das Essen noch so gut sein: Ich gehe nicht wieder hin.

stimmt ☐ A
stimmt nicht ☐ E

▶ Einkaufen – ich kaufe öfter etwas, das ich gar nicht haben wollte.

stimmt ☐ C
stimmt nicht ☐ E

▶ Entspannung – ich kann mich mit speziellen Übungen körperlich und seelisch wundervoll entspannen.

stimmt ☐ E
stimmt nicht ☐ B, D

▶ Hypnose – die würde ich gern einmal am eigenen Leib erfahren.

stimmt ☐ A
stimmt nicht ☐ B

▶ Freundinnen/Freunde – für die nehme ich mir immer genug Zeit.

stimmt ☐ E
stimmt nicht ☐ D

▶ Sonderangebote – die haben eine fast magische Wirkung auf mich.

stimmt ☐ C
stimmt nicht ☐ E

▶ Vertrauen – im Grunde kann man sich nur auf sich selbst verlassen.

stimmt   B, D
stimmt nicht   E

▶ Zuschauen – im Konzert oder Theater lege ich keinen so großen Wert auf einen der »guten Plätze«.

stimmt   A
stimmt nicht   E

▶ Bekannte – mit einigen Menschen, die ich durch die Arbeit, von Partys oder von früher her kenne, hat sich ein persönlicher Kontakt entwickelt, obwohl uns gar nicht viel verbindet.

stimmt   A
stimmt nicht   E

▶ Erfolg – es ist tatsächlich so: Vor den Erfolg haben die Götter den Schweiß gestellt.

stimmt   D
stimmt nicht   E

▶ Erotik – durch Affären und Seitensprünge habe ich mir schon manche Freundschaft zerstört und allerlei Chaos angerichtet.

stimmt   C
stimmt nicht   B

▶ Humor – ich gelte bei meinen FreundInnen als humorvoll.

stimmt   E
stimmt nicht   B

▶ Kitzel – ich bin an manchen Körperstellen richtig schön kitzelig.

stimmt   D
stimmt nicht   E

▶ Kleidung – manchmal gefällt mir etwas so sehr, daß ich es sofort kaufen muß, aber nach dem ersten Tragen ziehe ich es nie wieder an.

stimmt   C
stimmt nicht   E

▶ Gewohnheit – ich esse auch im Urlaub meist zur gewohnten Zeit.

stimmt   B
stimmt nicht   E

▶ Eltern – meine waren streng und anspruchsvoll mit mir.

stimmt   B, D
stimmt nicht   E

▶ Empfindsamkeit – ich bin sensibel und leide häufig unter ungerechten Angriffen und Bemerkungen.

stimmt   B
stimmt nicht   E

▶ Konzentration – ich mache häufig zwei oder drei Dinge gleichzeitig.

stimmt   A, D
stimmt nicht   E

Auswertung

Geben Sie sich für jeden ange-
kreuzten Buchstaben A, B, C und
D jeweils einen Punkt.
Achtung: Für den Buchstaben E
gibt es keine Punkte. Zählen Sie,
wie viele Punkte Sie jeweils für die
einzelnen Buchstaben haben, und
tragen Sie die Punktzahl hier ein:

A	B	C	D

Insgesamt können Sie 46 Punkte
erreichen. Je weniger Punkte Sie
erhalten haben, desto besser: Ihrer
Genußfähigkeit steht dann wenig
im Wege. Unter dem Buchstaben,
den Sie am häufigsten angekreuzt
haben, können Sie herausfinden,
was Ihren Genuß trübt und wie Sie
mehr Genüßliches finden.
Für E gibt es keine Auflösung.
Falls Sie bei zwei Buchstaben die
gleiche Punktzahl haben, treffen
beide Aussagen – wenn auch eingeschränkt – auf Sie zu.

C

»Wenn die Mäuse satt sind, wird
das Mehl bitter.« Diese alte Volks-
weisheit verrät ein Geheimnis der
GenießerInnen: Richtig genießen
kann nur, wer bereit ist, sich zu
beschränken und auch einmal ein
Bedürfnis unerfüllt zu lassen.
Wenn Sie mit dem Essen warten
können, bis Sie sich eine richtige

Mahlzeit bereitet haben; wenn Sie
bereit sind, vier Stunden lang beim
Klettern zu schwitzen, um den
Gipfelblick zu genießen.
Genießen bedeutet, Meister und
nicht Sklave der eigenen Bedürfnisse zu sein. Doch unsere Ex-und-
hopp-Konsumgesellschaft will uns
einreden, daß sich Genuß von
allein einstellt, wenn man nur zur
richtigen Firmenmarke greift. Für
diese Art der Verführung sind Sie
anfällig. Sie greifen gleich zu und
nehmen das erste beste. Vermutlich vermeiden Sie unbewußt
Situationen, in denen nicht sicher
ist, ob Sie auch zufriedengestellt
werden. Mancher Flirt und manche Chance bleiben dabei auf der
Strecke.
Dahinter stecken frühe Kindheits-
ängste, nicht »genug« zu bekommen. Als erwachsener Mensch sind
Sie jedoch nicht mehr darauf angewiesen, zu nehmen, was Ihnen
angeboten wird. Lernen Sie zu
unterscheiden zwischen dem, was
Sie wirklich haben möchten, und
dem, was gerade greifbar ist.

A

Faul in der Sonne zu braten,
scheint für viele der Inbegriff des
Genusses zu sein. Genießen bedeutet demnach soviel wie:
angenehme Dinge passiv über sich
ergehen lassen. Dabei ist Genießen

auch ein aktives Handeln. Das Wort hat sprachlich dieselbe Wurzel wie »fangen, ergreifen« – und dieser Aspekt des Genießens kommt bei Ihnen zu kurz.

Wer genießt, greift aus den vielen Eindrücken, die auf ihn einströmen, einen heraus und konzentriert sich ganz darauf. Das sind die FeinschmeckerInnen, die die Soße auf der Zunge zergehen lassen, die MusikliebhaberInnen, die hingerissen lauschen ...

Wirkliche GenießerInnen wissen, was ihnen guttut, und sorgen dafür, daß sie es bekommen. Sie schulen ihre Sinne: Nur ein offenes Ohr hört den Gesang der Vögel im Großstadtlärm, nur ein offenes Auge sieht die Faszination eines Gesichtes. Wer das nicht wahrnimmt, wartet auf den großartigen Genuß, ohne zu merken, daß sich direkt vor der Nase so viele wunderschöne Dinge auftun. Wenn Sie Ihre Sinnesfähigkeit wieder entdecken wollen: Trainieren Sie durch Meditation, Körperbewußtseins-Übungen und Musik Ihre Aufmerksamkeit und Ihre Sinne. Eine genußvollere, aufregendere Welt wartet darauf, entdeckt zu werden. Greifen Sie zu ...

B

Genießen bedeutet auch immer, Kontrolle aufzugeben. Besser als alle PsychologInnen hat das Goethe erkannt: »Statt heißem Wünschen, wildem Wollen, statt lästigem Fordern, strengem Sollen, sich aufzugeben, ist Genuß.«

Im Genießen spüren wir sehr intensiv. Wir überlassen uns unseren Gefühlen und Empfindungen. Der Kopf ist für diese Zeit ausgeschaltet. Wir sind wieder wie ein Kind, das alles lustvoll erlebt. Dieser Anteil des Genießens kann »überwältigend« sein. In der Sexualität erleben die Menschen das am deutlichsten.

Doch mit der Lust erwacht auch die Angst: Was wird geschehen, wenn ich meinen Bedürfnissen so intensiv nachgehe? Verliere ich nicht die Selbstbeherrschung? Ihr Problem mit dem Genießen ist paradoxerweise die Angst, daß es Ihnen zu gut dabei gehen könnte ... Wenn Sie sich selbst mehr vertrauen, werden Sie auch Ihren Gefühlen und Wünschen nachgehen können. Genüsse wirken dann nicht mehr bedrohlich, sondern werden zum selbstverständlichen Vergnügen.

Entspannung und Vertrauen sind Wege, auf denen Sie lernen können, sich gehenzulassen. Und Humor ist der verläßlichste Helfer, um auch verdrießlichen Situationen eine genußvolle Seite abzugewinnen. Wie Alexis Sorbas: Als eine in monatelanger Knochenarbeit errichtete Transport-Konstruktion schon unter dem ersten Baumstamm zusammenbricht, verzweifelt er nicht. Er lacht, denn er hat »noch nie etwas so schön zusammenbrechen sehen« ...

D

Der amerikanische Psychotherapeut Milton Erickson sagte einmal: »In dem Augenblick, in dem wir geboren werden, beginnen wir zu sterben. Bei einigen geht es schneller als bei anderen. Alles, was wir tun können, ist unser Leben zu genießen.« Das könnte auf Sie gemünzt sein. Denn Sie glauben, nur durch Leistungen und Anstrengung zu etwas kommen zu können. Die Triebfeder für solche Dauermühe sind unbewußte Leitsätze wie: »Ich bin nur gut, wenn ich etwas leiste« oder »Niemand mag mich, wenn ich meine Aufgaben nicht erfülle«. Um geliebt zu werden – und wer will das nicht? –, kniet man sich dann in jede Aufgabe hundertprozentig hinein. Zum Genießen bleibt da natürlich kein Raum. Äußere Umstände (z. B. die Erziehung), die durch Strenge Schuldgefühle erzeugten, haben Sie vermutlich sehr selbstkritisch werden lassen. Sie können Ihre eigenen inneren Normen niemals erfüllen und haben das Gefühl, keine Pause und keine Belohnung zu verdienen. Das Leistungsprogramm gilt sogar für die Freizeit. Für Tagträume haben Sie keine Zeit. Dabei sind sie wichtig, um unsere psychischen Batterien wieder aufzuladen. Wenn Sie ein Buch lesen, versinken Sie dann wirklich genießerisch darin, oder zählt für Sie die Leistung, es gelesen zu haben? Beginnen Sie (wieder) »sinnlose Dinge« zu tun. Nehmen Sie sich Zeiten, in denen Sie absolut nichts anderes tun, als ganz einfach dazusein.

Wie wohl fühlen Sie sich in Ihrer Haut?

Unser Körperbewußtsein ist ein großes Rückmeldesystem. Es informiert uns laufend, wie wir uns in der Welt fühlen. Denn der Körper ist der Ort, in dem wir unsere Gefühle erleben. Über unsere Körperwahrnehmung erfahren wir, mit wem wir uns wohlfühlen, was uns gefällt und was uns bedrückt. Je genauer wir die Signale unseres Körpers wahrnehmen, desto besser können wir im Einklang mit uns selbst leben. Verspannungen und Krankheiten entstehen, wenn wir den Kloß im Hals oder den Druck im Kopf zu spät wahrnehmen. Wer seine Körperempfindungen ignoriert, fühlt sich leer und gelangweilt. Ein gutes Körperbewußtsein ist die Grundlage für eine befriedigende Sexualität, gefühlvolle Beziehungen und ein erfülltes Leben.

Zeichnen Sie auf ein weißes DIN-A4-Blatt ein Bild von Ihrem Körper. Legen Sie munter los, auf die zeichnerische Qualität kommt es nicht an. Tun Sie es jetzt, und lesen Sie erst weiter, wenn Sie ein fertiges Bild vor sich haben.

Legen Sie Ihre Zeichnung vor sich hin und kreuzen Sie die für Sie zutreffenden Antworten auf die folgenden Fragen an:

▶ Wie haben Sie Ihren Körper abgebildet?

den ganzen Körper unbekleidet	D
den ganzen Körper im Badezeug	C
den ganzen Körper bekleidet	B
nur einen Teil des Körpers	A

Wenn Sie Ihren Körper bekleidet oder nur teilweise gezeichnet haben, zeichnen Sie bitte jetzt Ihren ganzen Körper im unbekleideten Zustand bzw. ergänzen Sie die fehlenden Teile.
Sehen Sie sich nun die Zeichnung an und beantworten Sie folgende Fragen:

▶ Haben Sie Körperteile voneinander abgeteilt?

ja, mehrere	A
einige, andeutungsweise	B
ja, einen	C
nein, keinen	D

▶ Worauf steht Ihre Figur?

auf dem Blattrand	B
auf angedeutetem Untergrund	C
auf deutlichem Untergrund	D
sie hängt in der Luft	A

▶ Fehlen Ihrer Figur wichtige Körperteile (wie zum Beispiel Hände, Finger, Füße, Brüste oder Nase)?

ja, mehrere	A
ja, ein Teil	B
nur im Gesicht	C
nein, keine	D

▶ Ähnelt Ihre Zeichnung im bildlichen, nicht im künstlerischen Sinn Ihrem Körper, oder haben Sie irgendwo im Vergleich zu Ihren wirklichen Körperproportionen über- oder untertrieben?

übertrieben	C
untertrieben	B
Die Proportionen stimmen ungefähr.	D
Es besteht kaum Ähnlichkeit.	A

▶ Gibt es Stellen oder Linien, die Sie stärker betont haben oder mehrmals nachgezogen haben?

ja, sehr viele	A
ja, einige	B
wenig	D
nur andeutungsweise	C

▶ Welchen Ausdruck hat Ihr Gesicht?

eher traurig, deprimiert	A
eher ernst	B
neutral	C
freundlich	D

▶ Haben Sie Ihre Geschlechts-
organe eingezeichnet?

ja, deutlich	D
nur angedeutet	B
nachträglich eingezeichnet	C
nein, habe ich ausgelassen	A

▶ Haben Sie mit Ihrer Zeichnung
… das Blatt

fast ganz ausgefüllt?	D

… einen Abstand zum
Rand gelassen, der
geringer als die Höhe

Ihrer Figur ist?	B
Meine Figur ist sehr klein.	A

Meine Figur paßt gar

nicht ganz auf das Blatt.	C

▶ In welcher Haltung haben Sie
Ihren Körper gezeichnet?

sitzend oder liegend	A
in für Sie typischer Haltung	D
aufrecht stehend	C
von der Seite	B

▶ Machen Sie täglich Körper-
übungen (Yoga, Entspannung,
Joggen, Gymnastik etc.)?

nein, nie	A
Dafür habe ich keine Zeit.	B
leider unregelmäßig	D
ja, mit wenigen Ausnahmen	C

▶ Essen Sie im Schnellimbiß?

oft	A
öfter mal	B

unter bestimmten

Umständen	C
möglichst nie	D

▶ Glauben Sie an einen Zusammenhang zwischen körperlichem
Befinden und Gefühlsleben?

Bei manchen Leuten

trifft das zu.	A
in vielen Fällen	B

Bei bestimmten Erkran-

kungen ist das eindeutig.	C
ja, immer	D

▶ Wie fühlen Sie sich in Situationen, in denen fremde Menschen
Sie unbekleidet sehen?

Das geschieht nur

beim Arztbesuch.	A

Ich fühle mich nicht

sehr wohl.	B

Es macht mir nicht viel
aus, manchmal finde es

angenehm.	C

Ich fühle mich fast

wie immer.	D

▶ Achten Sie während des Tages
darauf, ob Ihre Schultern
entspannt sind?

nein	A

An so etwas kann ich

nicht auch noch denken.	B
Manchmal fällt es mir auf.	C

Meistens fällt es mir auf,

wenn ich mich anspanne.	D

▶ Wie häufig spüren Sie, daß sich
Ihre Stimmung ändert?

oft	D
selten oder nie	A

Das hängt ganz von

den Umständen ab.	C

Nur wenn etwas Außer-

gewöhnliches geschieht.	B

▶ Können Sie sich beim Tanzen wirklich von der Musik bewegen lassen?

Ja, wenn mich die Stimmung richtig mitreißt. `C`

ja, fast immer `D`

Ich tanze sehr selten. `A`

Ich weiß nicht genau, was mit der Frage gemeint ist. `B`

▶ Stolpern Sie oft oder stoßen Sie sich häufig?

ja, oft `A`

in manchen Zeiten andauernd `B`

selten `D`

wenn ich im Streß bin `C`

▶ Massieren Sie manchmal sich selbst oder andere?

ja `D`

hin und wieder `C`

Diese Idee hatte ich noch nie. `A`

Ich weiß nicht, wie das geht. `B`

▶ Tragen Sie Schuhe mit hohen Absätzen, knallenge Hosen oder enge Krawatten?

sehr gern `A`

wenn es gerade Mode ist `B`

selten `C`

möglichst nie `D`

▶ Ist es Ihnen wichtig, wie sich andere Menschen bewegen?

ja, meistens `D`

Ja, ich achte darauf. `C`

Ich sehe es nur, wenn es besonders auffällig ist. `B`

Ich achte nicht darauf. `A`

▶ Sind Sie mit Ihrem sexuellen Erleben zufrieden?

Dazu fühle ich mich sexuell zu unsicher. `B`

Irgendwie schon, aber meine Vorstellung erreicht es nicht. `C`

in zunehmendem Maße ja `D`

Ich weiß nicht so recht. `A`

▶ Haben Sie nach einem anstrengenden Tag Nacken-, Rücken-, oder Kopfschmerzen?

fast regelmäßig `A`

öfter `B`

selten einmal `C`

fast nie `D`

▶ Haben Sie Angst vor dem Zahnarztbesuch?

nein `D`

Angst nicht, aber es tut oft weh `C`

schreckliche Angst `A`

Ich lasse mir immer sofort eine Spritze geben. `B`

▶ Machen Sie während der Arbeit öfter mal eine kurze Pause?

Ja, wann immer es möglich ist. `D`

Ich komme leider nie dazu. `B`

Ich brauche selten eine Pause. `C`

Nein, darauf achte ich wenig. `A`

Nun folgen noch einige kleine Übungen. Nehmen Sie sich für jede einzelne etwas Zeit: Spüren Sie in sich hinein, ehe Sie antworten:

▶ So wie Sie jetzt gerade sitzen, schließen Sie die Augen. Wie spüren Sie den mittleren Teil Ihres Rückens?

im Grunde gar nicht	A
undeutlich	B
bis auf wenige Stellen ziemlich undeutlich	C
bis auf einige Stellen ziemlich deutlich	D

▶ Versuchen Sie in den nächsten 30 Sekunden, Ihre Schultern zu entspannen. Überlegen Sie nun: Wie war das?

Ich wußte nicht recht, wie ich das machen sollte.	B
Ich spürte einige Spannungen deutlicher als vorher.	C
Ich spürte, wie sich einige Spannungen zu lösen begannen.	D
Ich spürte kaum Unterschiede.	A

▶ Versuchen Sie, Ihre Arme zu entspannen. Überlegen Sie: Haben Sie dabei Ihren Unterkiefer

... entspannt	D
... nicht ganz entspannt	C
... überhaupt nicht entspannt	B
... das weiß ich nicht	A

▶ Versuchen Sie diese Übung: Drehen Sie den Kopf in eine Richtung und gleichzeitig die Augen in die andere. Tun Sie es mehrmals hin und her. Was geschah?

Ich konnte es überhaupt nicht.	A
Ich konnte es ein bißchen.	B
Ich konnte es auf Anhieb.	C
Ich konnte es nach kurzer Übung.	D

▶ Wie war Ihre Atmung, während Sie die vorige Übung ausführten?

Weiß ich nicht.	A
Ich habe die Luft angehalten.	B
Nachdem ich gemerkt habe, wie mein Atem stoppt, wurde die Atmung normal.	D
Ich habe die Luft nicht angehalten.	C

Auswertung

So entschlüsseln Sie die versteckten Botschaften Ihres Körpers: Zählen Sie aus, wie viele Ihrer Antworten mit einem A, B, C oder D gekennzeichnet sind. Tragen Sie in die nachstehende Tabelle ein, wie oft Sie den jeweiligen Buchstaben angekreuzt haben. Wenn Sie meistens das A markiert haben, so trifft auf Sie am stärksten zu, was Sie unter »Typ A« in der Auswertung finden, und so weiter. Sollten Sie zwei Antwortbuchstaben gleich häufig angekreuzt haben, dann liegen Sie zwischen den beiden Antwortkategorien, und beide Aussagen treffen nur teilweise auf Sie zu.

A	B	C	D

Typ A: Der fremde Körper
Zwischen Ihrem Kopf und Ihrem Körper besteht kaum Kontakt. Wenn überhaupt, dann dringen zumeist unerfreuliche Gefühle wie Spannungen oder Schmerzen in Ihr Bewußtsein. Darauf reagieren Sie möglicherweise mit überängstlicher Sorge. Kein Wunder, denn Sie trauen Ihrem Körper nicht, also auch nicht seiner Fähigkeit, sich zu schützen und zu heilen. Zumeist herrscht aber einfach Funkstille. Sie hoffen unbewußt, daß er unspürbar seinen Dienst verrichtet, obwohl Sie ihn nachlässig ernähren, nicht in Form halten und in jede Situation ziemlich rücksichtslos hineinzwängen. Sie haben wenig Erfahrung damit, Freude an Ihrem Körper zu empfinden, und so versuchen Sie, ihm aus dem Weg zu gehen, was natürlich mit dem eigenen Körper nicht ganz einfach ist … Er ist ein Fremd-Körper für Sie, und durch dieses Abgeschnittensein verlieren Sie wichtige Informationen über sich selbst und die Umwelt. Sie fühlen sich oft unlebendig und orientierungslos, haben vielleicht auch Gefühle von Verlorensein und Heimatlosigkeit, denn Ihr unmittelbarster Platz in der Welt ist Ihnen fremd.
Die liebevolle Zuwendung, Freude und Lust, das positive Bild des eigenen Körpers fehlen in Ihrer »Der Körper ist ein notwendiges Übel«-Einstellung. Um sich selbst als Körper näherzukommen, sollten Sie sich helfen lassen: durch massierende Hände, durch Entspannungs- oder Körperbewußtseins-Gruppen oder durch jemanden, der selber Freude aus seiner Körperlichkeit gewinnt.

Typ B: Der freudlose Körper
Ihr Verhältnis zu Ihrem Körper könnte besser sein, doch das wissen Sie selber. Allerdings beruhigen

Sie sich mit der falschen Einstellung, es nicht ändern zu können. Ihre Bedürfnisse nach Bewegung, Entspannung und Zwanglosigkeit ignorieren Sie weitgehend. Sie tun gerade das Nötigste, um das Zusammenleben mit Ihrem Körper nicht allzu unerfreulich werden zu lassen. Richtige Freude und Lust an Ihrem körperlichen Erleben haben Sie nur selten. Sie bleiben hinter Ihren Möglichkeiten zurück; und wie Sie mit Ihrem Körper umgehen, spiegelt möglicherweise Ihre Grundhaltung: Sie haben lieber Mitleid, als aktiv etwas zu tun.

Sie können einen Bereich völlig neuer Lebendigkeit für sich erschließen, wenn Sie Ihre Einstellung ändern, daß nur übergroße Mühe Sie näher an Ihren Körper heranbringen kann. Ein regelmäßiges körperliches Training, Anleitungen zur Körperwahrnehmung und vielleicht Yoga oder andere Entspannungsmethoden können Ihnen helfen, solange sie darauf achten, nur soviel zu tun und nur soviel von sich zu verlangen, wie es Ihnen Vergnügen bereitet.

Typ C: Der organisierte Körper
Sie sind aktiv um Ihren Körper bemüht. Sei es, daß Sie ihn eifrig trainieren oder ihn nur von unnützem Schaden bewahren. Ihre Körperbeherrschung ist gut. Vermutlich machen Ihnen sportliche Übungen keine großen Schwierigkeiten, und Sie sind bewußt genug, sich nicht unvorsichtigerweise zu

überfordern. Doch von einem ganzheitlichen Körperbewußtsein sind Sie noch entfernt. Die Fähigkeit, körperliche Gefühle wahrzunehmen, haben Sie nicht so gut entwickelt wie die Kontrolle über Ihre Muskeln. Ihre Selbstwahrnehmungen bleiben oft undeutlich und schemenhaft, Sie erahnen das innerliche Erleben von Körpersignalen mehr, als daß Sie klar und deutlich spüren, was Ihnen durch den Körper mitgeteilt wird. Sie haben zu Ihrem Körper zwar im allgemeinen einen guten Kontakt, doch wird er durch Ihre starke Leistungsorientierung getrübt. Zu sehr betrachten Sie Ihren eigenen Körper von außen, als ein »Ding«, das gut funktioniert, wenn man es ordentlich pflegt. Erst wenn Sie auch die gefühlsmäßigen Botschaften des Körpers stärker beachten, werden Sie zu einem befriedigenden Körperbewußtsein gelangen.

Typ D: Der lebendige Körper
Mit Ihrem Körperbewußtsein können Sie zufrieden sein. Sie leben wirklich in Ihrem Körper. Sie sind Ihr Körper. Weder wenden Sie sich ängstlich von ihm ab, noch versuchen Sie, aus Ihrem Körper etwas zu machen, das Ihnen nicht entspricht. Möglicherweise ist es für Sie nicht immer einfach, Ihre positiven und negativen Empfindungen zu verarbeiten. Aber Sie sind in Ihrem Körper zu Hause, selbst wenn er Ihnen ab und zu auch Rätsel aufgibt. Sie leben in Harmonie mit Ihrem Körper, er ist

Ihr Ratgeber, den Sie selbst in der Alltagshektik nicht vergessen. Seine Zeichen weisen Ihnen den Weg durch die Welt. So gewinnen Sie Freude, Lebenslust und Sicherheit aus ihm, psychologisch gesehen, eine Standfestigkeit im Leben.

Daß das Leben dadurch nicht automatisch problemlos wird, haben Sie längst erfahren, aber Ihr ausgeprägtes Körperbewußtsein bietet Ihnen eine Chance, ständig selbstbewußter zu leben.

Gefühle

Sind Sie risikofreudig?

*Entspannt Sie eine Ruderpartie auf einem
friedlichen Waldsee, oder macht Sie so etwas eher
nervös? Können Sie sich erst beim Fallschirm-
springen richtig gut erholen, oder würden Sie sich
um nichts in der Welt an den Schirm hängen?*
*Was für den einen Menschen unzumutbare
Belastungen sind, bringt den anderen gerade erst in
Schwung. Für den Risikosuchenden ist
Nervenfutter, was dem Risikoscheuen das
Nervenkostüm zu zerreißen droht.*
*Es ist daher völlig sinnlos, darüber zu streiten,
welche innere Tendenz »besser« ist. In einer
Partnerschaft kann es darüber aber womöglich
doch zu Auseinandersetzungen kommen – wenn er
lieber beschaulich wandern, sie aber den schroffen
Gipfel erklimmen möchte. Wenn wir unsere
Risikobereitschaft kennen, können wir unser Leben
so einrichten, daß wir es uns nicht unnötig
schwermachen: für genügend Risiken sorgen, ohne
uns zu gefährden, oder uns für notwendige
Risiken auch dann entscheiden, wenn es uns
nicht leichtfällt.*

Fahren Sie in diesem Psycho-Spiel
in den Urlaub: mit einem Bleistift
in der Hand. Entscheiden Sie sich
für eine der Möglichkeiten, und
fahren Sie die entsprechende
»Route« mit dem Stift ab.

1 Am liebsten fahren Sie

allein

zu zweit

in einer Gruppe

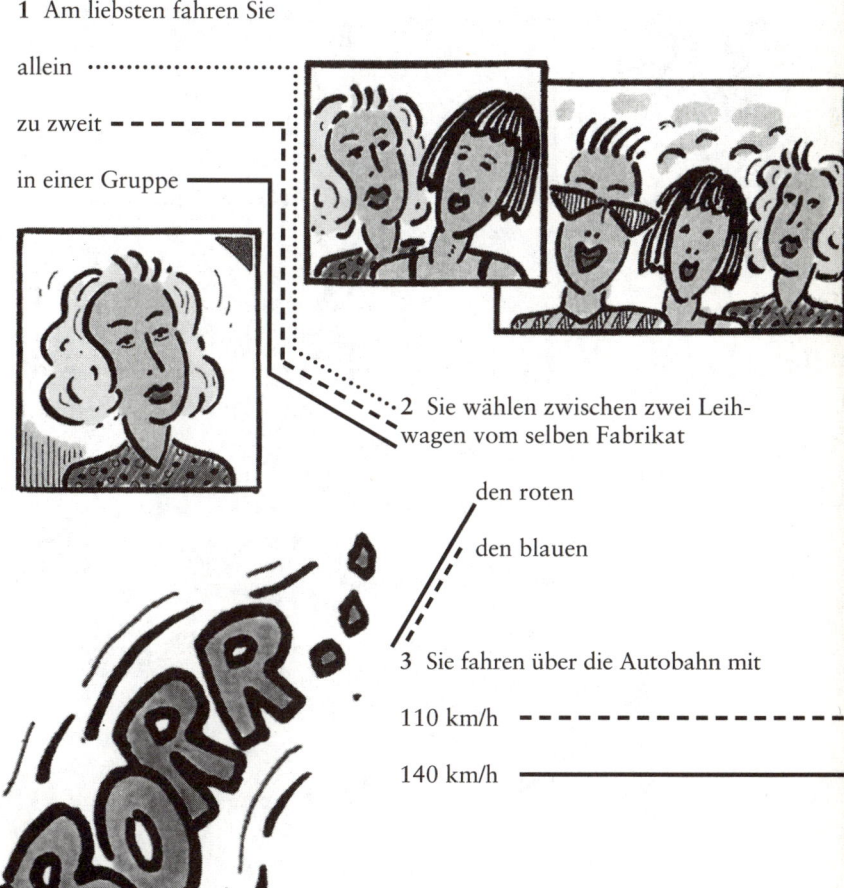

2 Sie wählen zwischen zwei Leih-
wagen vom selben Fabrikat

den roten

den blauen

3 Sie fahren über die Autobahn mit

110 km/h

140 km/h

4 Unterwegs macht sich ein Geräusch bemerkbar, aber der Wagen läuft gut weiter.

Sie halten an und rufen einen Pannendienst.

Sie halten an und schauen selber nach.

Sie fahren erst einmal unbeirrt weiter.

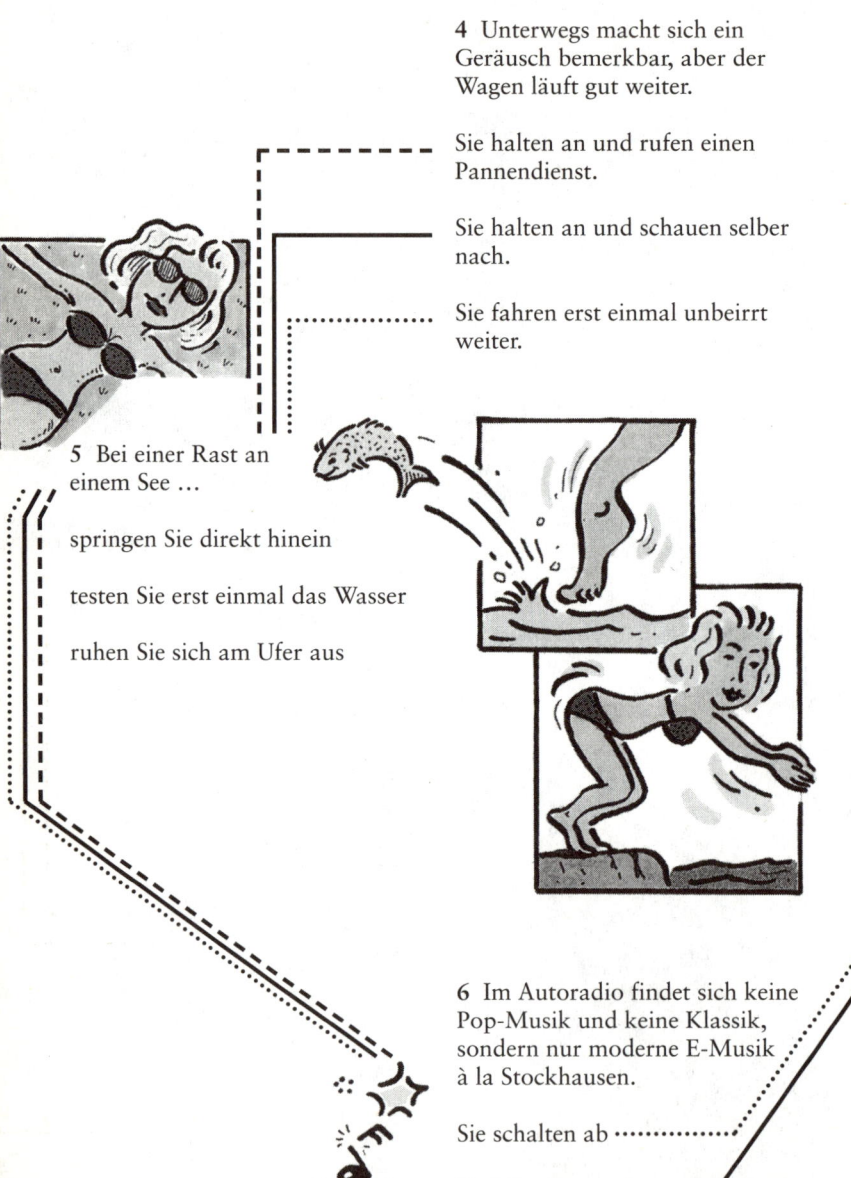

5 Bei einer Rast an einem See …

springen Sie direkt hinein

testen Sie erst einmal das Wasser

ruhen Sie sich am Ufer aus

6 Im Autoradio findet sich keine Pop-Musik und keine Klassik, sondern nur moderne E-Musik à la Stockhausen.

Sie schalten ab

Sie hören zu

8 Am nächsten Morgen …

7 Am Abend, ein sonniger Tag geht zu Ende, suchen Sie sich für die Nacht …

treibt es Sie früh aus dem Bett, denn der Tag ist kurz

einen Campingplatz

wollen Sie nach so einem anstrengenden Tag erst einmal ausschlafen

ein Zimmer in einer Pension

9 Leider verhindert ein nun doch aufgetretener Motorschaden die Weiterfahrt. Notgedrungen beschließen Sie, am Abend …

tanzen zu gehen

sich zu entspannen

10 Sie erinnern sich an eine alte Schulkameradin, die in dieser Stadt lebt, die Sie aber immer schon etwas farblos fanden.

Sie rufen trotzdem an

Sie rufen nicht an

11 Sie brechen alleine auf, um die Stadt zu erobern und gehen Richtung …

Hafenviertel

historischer Altstadt

12 Das Rumlaufen langweilt Sie. Im Kino läuft einer Ihrer Lieblingsfilme.

Sie gehen hinein

Sie denken: »Zweimal ist einmal zuviel« und lassen es

13 Auf dem Rückweg zu Ihrer Unterkunft …

wählen Sie den schon vertrauten Hinweg

erkunden Sie einen anderen Weg

15 Sie lassen sich von dem Hypnotiseur zurückversetzen in ...

die Antike

die Französische Revolution

die Romantik des 19. Jahrhunderts

14 Auf einem Platz sucht ein Hypnotiseur eine Freiwillige/ einen Freiwilligen ...

Sie melden sich

Sie schauen erst mal eine Weile zu

16 Nach dieser Zeitreise haben Sie Hunger und gehen in ein Restaurant. Sie wählen ...

ein Ihnen bekanntes Gericht

ein Ihnen völlig unbekanntes Gericht

17 Am nächsten Tag lockt Sie ...

der weltberühmte Schloßpark

das internationale Autorennen

18 Sie begegnen Ihrem Urlaubs-
flirt, der moderne Kunst liebt. Sie
gehen mit ihm in die Ausstellung,
die mit diesem Plakat wirbt …

Kunstaustellung **B**

Kunstaustellung **A**

19 Am Abend lädt Sie Ihr Urlaubs-
flirt zu noch viel mehr ein, und es
ist schon Ihr letzter Abend an diesem Ort.

Sie verbringen die Nacht mit ihm,
denn: Einmal ist keinmal

Sie werden für eine
Nacht nicht schwach

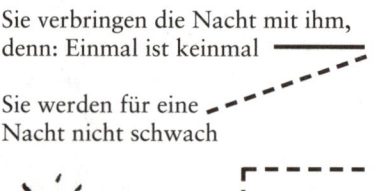

20 Bevor Sie von Ihrem Kurz-
urlaub zurückkehren, senden Sie
noch eine Karte ab. Auf ihr steht

»Ich freue mich darauf, wieder zu
Hause zu sein«

»Ich könnte ewig so weiterreisen«

Auswertung

Zählen Sie, wie oft Sie auf Ihrer Bleistift-Route durchgehende, gepunktete und gestrichelte Wege gewählt haben. Tragen Sie die Zahlen in den kleinen Kasten unten ein. Nehmen Sie dann die Zahl für gepunktete Wege mit 3 mal und die für durchgehende mit 2 mal. Die Zahl für gestrichelte Wege bleibt, wie sie ist. Tragen Sie die Zahlen rechts ein, und addieren Sie sie.

....	x 3 =
————	x 2 =
─ ─ ─ ─	=
zusammen	

Lesen Sie die Ihrer Punktzahl entsprechende Auswertung.

20 – 28 Punkte
Sie sollten auf ein ausreichendes Maß an Ausgeglichenheit in Ihrem Leben achten, denn zu viel Aufregung, Spannung entspricht nicht Ihren Bedürfnissen. Die Fähigkeit, mit ständig wechselnden Situationen umzugehen, ist bei Ihnen nicht sehr ausgeprägt. Sowohl beruflich als auch privat werden Sicherheit und ein fester Bezugsrahmen Sie eher glücklich machen als allzuviel Veränderung und Risiko. Ruhe und Beschaulichkeit – Werte also, die in unserer hektischen Leistungsgesellschaft leicht gering erachtet werden – sind für Sie erstrebenswert und vor allem: erlebbar. Sie sind fähig, auch sture Aufgaben mit Ausdauer zu lösen und in intimen Bindungen auch schwierige, wenig anregende Phasen zu bewältigen. Gefahren und Abenteuer versuchen Sie weitgehend zu vermeiden, und Sie schrecken vor bislang nicht gemachten Erfahrungen eher zurück. Fragen Sie sich aber, ob Sie Herausforderungen aus dem Weg gehen, weil Sie sich nicht unnötig belasten wollen, oder weil Sie in Wirklichkeit befürchten zu versagen. Aus alldem zu schließen, Sie seien ein »langweiliger« Mensch, ist unsinnig. Im Gegenteil, Langeweile ist kein Problem für Sie, denn Sie gewinnen auch wenig ereignisreichen Situationen genügend Reize ab. Sollten Sie dennoch in einen Zustand von »Langeweile« geraten, dann allerdings mag das ein Hinweis sein, daß sich hinter Ihrem scheinbar mangelnden Interesse an Aufregung vielleicht doch Ängste verbergen.

29 – 35 Punkte
Sie sind weder die geborene Abenteurerin noch für das Leben in der Abgeschiedenheit einer Almhütte geschaffen. Diese Mittelposition macht es Ihnen aber nicht unbedingt leichter, das für Sie angemes-

sene Maß an Risiko und Erregung herauszufinden und zu verwirklichen. Gerade für Sie es schwierig, innere Bedürfnisse gegen äußere Einflüsse durchzusetzen. Schließlich können Sie sich sowohl mit einem risikoreichen als auch mit einem geruhsamen Lebensstil zurechtfinden, ohne dabei allzu heftig an Ihre Grenzen zu stoßen. Die Gefahr liegt darin, unbemerkt einen Teil Ihrer Persönlichkeit zu unterdrücken. Ist Ihr Partner zum Beispiel ausgesprochen risikobereit oder sogar risikosuchend, kommen Sie dadurch eventuell zu oft in Situationen, deren Unsicherheit Sie stark belastet. Sie können leicht feststellen, ob sich Ihr derzeitiges Leben zu sehr auf die eine oder andere Seite verlagert hat: Überwiegt bei Ihnen in Beruf, Freizeit, im Urlaub, Familienleben und bei weiteren Plänen Aufregung oder monotone Behaglichkeit? In beiden Fällen benötigen Sie einen Ausgleich, was nicht gleichbedeutend sein muß mit einer dramatischen Veränderung Ihrer Lebensumstände. Stärkere Anregung durch schöpferische Phantasie und gedankliche Probleme oder aber Entspannung durch entsprechende Übungen sind jederzeit zugänglich. Glauben Sie Ihrer eigenen Behauptung nicht, Sie hätten dafür einfach keine Zeit! In welche Richtung auch immer Sie von einer balancierten Lebensgestaltung abgewichen sind – Sie werden tendenziell immer eher an einem vertrauten Zustand festhalten als

ihn aufgeben. Nur durch bewußte Entscheidungen können Sie sicherstellen, daß weder die Amazone noch das Dornröschen in Ihnen leidet.

36–46 Punkte

Sie lieben Aufregung. Ohne eine gehörige Portion Abwechslung fühlen Sie sich nicht wohl. Unbewußt befinden Sie sich stets auf der Suche nach dem »Neuen« – seien dies nun neue Eindrücke oder Herausforderungen, Dinge oder Menschen. Diese Eigenschaft kann im extremen Fall dazu führen, süchtig nach dem zu werden, was zu immer neuer Erregung führt: einer waghalsigen Sportart, ständigen Flirts, der allabendlichen Kneipentour. Gleichförmige Beschäftigungen dagegen lösen sehr schnell Unzufriedenheit in Ihnen aus. Sie suchen den Nervenkitzel, die schnelle Reaktion, das Ungewisse. Erst eine gehörige Portion Risiko läßt Sie zur Hochform auflaufen, und das sollten Sie bei der Wahl Ihrer Tätigkeit berücksichtigen.

Sind Sie nämlich beruflich unterfordert und nicht mit ausreichend aufregenden Dingen befaßt, dann werden Sie verstärkt im privaten Bereich für Spannung sorgen. Am besten für Sie ist ein Partner, der Ihre Abenteuerlust teilt und selbst ständig für eine Überraschung gut ist. Denn einerseits achten Sie stark auf Ihre inneren Signale und halten nicht viel von einengenden Regeln, andererseits sind Sie schnell gelangweilt oder einer Sache überdrüssig. Sie sollten versuchen, etwas mehr Beständigkeit zu entwickeln, und sich nicht zur Oberflächlichkeit verführen lassen, denn die immer neue berufliche Herausforderung und das immer neue erotische Abenteuer sind auf Dauer unbefriedigend.

Dabei werden Sie zwar mit genügend Spannung versorgt, um sich im Augenblick gut zu fühlen. Es fehlt Ihnen jedoch das wirkliche Abenteuer der Selbsterfahrung, das die längerfristige Beschäftigung mit einem Partner oder mit einer Aufgabe verschafft.

Wo bleibt Ihre Wut?

Unachtsame Menschen knallen uns den
Einkaufswagen in die Hacken, aufgeregte
ZeitgenossInnen drängeln sich am Postschalter vor,
der Freund hat die Verabredung vergessen,
die Chefin setzt kurz vor Feierabend noch eine
wichtige Besprechung an … Grund zum Ärgern
bringt uns jeder Tag überreichlich.
In Wut zu geraten läßt sich nicht verhindern.
Wir brauchen Möglichkeiten, Dampf abzulassen,
wenn wir nicht gefühlsmäßig daran ersticken oder
gar körperlich krank werden wollen.
Doch das ist nicht einfach. Es gibt wenige
Gelegenheiten, und wir bekommen für unsere Wut
selten Applaus. Im Gegenteil: Wir müssen stets
befürchten, wegen unseres Zorns abgelehnt
zu werden, auf noch größere Wut zu stoßen oder
daß andere sich von uns abwenden. Deshalb
verspüren wir zumeist Ängste, wenn wir wütend
werden, und halten uns daher zurück.
Wenn wir unsere Ängste verstehen, hat unsere Wut
eine größere Chance. Und wir können uns besser
zur Wehr setzen.

Kreuzen Sie bei den Fragen diejenige Reaktion an, die für Sie in so einer Situation typisch wäre.

Teil A

▶ Sie möchten mit Ihrer Vorgesetzten eine Frage klären. Sie klopfen an die Zimmertür, aber sie reagiert nicht gleich.

Sie klopfen wieder,
doch diesmal
lauter und länger. [a]
Sie warten. [b]

▶ Sie müssen sich wegen einer harmlosen Erkrankung an den Geschlechtsorganen Medikamente verschreiben lassen. Der Arzt gibt Ihnen den »Ratschlag«, sich Ihre Partner besser auszuwählen.

Sie überhören
diese Bemerkung. [b]
Sie fordern den Arzt auf,
diese Unverschämtheit
sofort zurückzunehmen. [a]

▶ Sie geben eine eben fertiggestellte Arbeit bei Ihrer Chefin ab. Dabei erfahren Sie, daß die Angelegenheit schon längst erledigt ist und sie nur vergessen hat, es Ihnen mitzuteilen.

Sie beschweren
sich empört. [a]
Sie finden, daß ja nun
nichts mehr daran zu
ändern ist. [b]

▶ Es ist drei Minuten vor Feierabend. Sie packen gerade Ihre Sachen, um nach Hause zu gehen. Da kommt Ihr Chef vorbei und macht eine abfällige Bemerkung über Ihre Arbeitsmoral.

Sie ignorieren dieses
Verhalten und schweigen. [b]
Sie geben eine aggressive
Antwort. [a]

▶ Sie versuchen, einen Termin einzuhalten, finden aber nur einen Parkplatz im Halteverbot. Als Sie gerade aus dem Auto steigen wollen, droht Ihnen eine Bewohnerin aus dem anliegenden Haus mit der Polizei.

Sie steigen wieder ein
und räumen den Platz. [b]
Sie machen deutlich,
daß sie sich um ihre
eigenen Angelegenheiten
kümmern sollte. [a]

▶ Sonntag morgen um acht Uhr klingelt das Telefon. Jemand fragt nach der neuen Telefonnummer Ihrer Vormieter.

Sie knallen den Hörer hin. [a]
Sie suchen die Telefon-
nummer heraus. [b]

▶ Die Hausverwaltung hat Ihnen Handwerker in die Wohnung geschickt. Als Sie von der Arbeit kommen, sehen Sie, daß Ihre ganze Wohnung voller Fußabdrücke ist.

Sie rufen sofort die
Hausverwaltung an. [a]
Sie machen sich daran,
die Spuren zu beseitigen. [b]

▶ Sie haben FreundInnen in ein Restaurant eingeladen und sind bester Stimmung. Die Besitzerin kommt an Ihren Tisch und fordert Sie auf, sich ruhiger zu verhalten, da Sie andere Gäste belästigen würden.

Sie zeigen sofort Verständnis. `b`

Sie streiten sich mit ihr, weil Sie nicht glauben, jemanden zu belästigen. `a`

▶ Sie müssen einem Radfahrer, der auf dem Fußweg dahinsaust, mit einem Sprung ausweichen, um nicht angefahren zu werden.

Sie rufen aufgebracht etwas hinter ihm her. `a`

Sie sind schweigend verärgert. `b`

▶ Im Supermarkt sind die Einkaufswagen knapp. Sie besorgen sich einen Wagen im Vorraum. Während Sie durch das Drehkreuz gehen, schnappt sich jemand anderer Ihren Wagen.

Sie laufen hinterher und nehmen ihr den Wagen ab. `a`

Sie kehren um und suchen sich einen neuen Wagen. `b`

▶ Sie lassen abends Ihre Musik ausnahmsweise einmal lauter laufen, weil Sie einem Gast eine Platte vorspielen möchten. Da klopft Ihr Hausbesitzer von unten.

Sie lassen ihn klopfen und hören sich die Platte weiter an. `a`

Sie stellen die Musik leiser. `b`

▶ Ihre Abteilungsleiterin lehnt Ihren Wunsch, zu einem bestimmten Termin ein paar Tage freizunehmen, ab. Sie wissen, daß anderen MitarbeiterInnen solche Terminwünsche nie verwehrt wurden.

Sie streiten für Ihren Wunsch. `a`

Sie weichen auf einen anderen Termin aus. `b`

Teil B

▶ Sie möchten im Bett noch lesen. Ihr Partner will schon schlafen.

Sie lesen noch eine Weile. `a`

Sie legen sich ebenfalls schlafen. `b`

▶ Sie bitten eine Freundin, Ihnen für einen Tag einen Fotoapparat zu leihen. Doch sie erklärt, daß sie ihre Kamera nie verleihe.

Sie finden das in Ordnung. `b`

Sie finden das kleinlich und sagen das auch. `a`

▶ Ein etwas angetrunkener Bekannter bespritzt Sie auf einer Feier mit Bier.

Sie kippen Ihr Glas über ihn. `a`

Sie gehen ins Badezimmer und waschen die Flecken aus. `b`

▶ Ihr Partner kommt erst mitten in der Nacht von der Arbeit nach Hause, ohne Sie vorher benachrichtigt zu haben.

Sie machen eine Szene. `a`

Sie sind froh, daß er da ist. `b`

▶ Sie haben vorgekocht. Als Sie nach Hause kommen, sehen Sie, daß Ihr Partner und seine Arbeitskollegen alles restlos aufgegessen haben.

Sie sind empört und
schlagen Krach. [a]
Sie finden es in Ordnung. [b]

▶ Eine Freundin macht sich über das frühere Liebesleben Ihres jetzigen Partners lustig.

Sie weisen sie zurecht. [a]
Sie versuchen, das Thema
zu wechseln. [b]

▶ Sie gehen mit Ihrem Partner auf ein Fest bei seinem besten Freund. Obwohl Sie dort kaum jemanden kennen, kümmert er sich nicht um Sie.

Sie machen ihn darauf
aufmerksam und scheuen
auch eine lautstarke Aus-
einandersetzung nicht. [a]
Sie versuchen, sich
dennoch zu amüsieren. [b]

▶ Ihr Partner will Sie nicht zu einem Fest begleiten, zu dem Sie schon zugesagt haben.

Sie bleiben mit ihm
zu Hause. [b]
Sie gehen auch ohne ihn,
falls er Ihrem Drängen
nicht nachgibt. [a]

▶ Ihr Partner bittet Sie, zu einem gemeinsamen Theaterbesuch Ihr schwarzes Kleid anzuziehen. Sie würden aber lieber Ihren Seidenanzug tragen.

Sie gehen im
schwarzen Kleid. [b]
Sie gehen im Seidenanzug. [a]

▶ Sie bleiben auf einem Essen sitzen, weil Ihr Gast erst kurz vor der verabredeten Zeit absagt.

Sie versuchen, die Gründe
zu verstehen. [b]
Sie reagieren schon am
Telefon sauer. [a]

▶ Eine Bekannte hat sich Ihr Auto geliehen und es nicht rechtzeitig zurückgebracht.

Sie fordern verärgert die
Ihnen dadurch entstan-
denen Taxikosten zurück. [a]
Sie finden es nicht weiter
schlimm. [b]

▶ Ihr Partner hatte mit ihnen vereinbart, von seiner Steuerrückzahlung einen neuen Teppichboden zu kaufen. Jetzt erklärt er, er habe mit dem Geld schon eine Videoanlage angezahlt.

Sie streiten sich mit ihm
über den Meinungs-
umschwung. [a]
Sie gestehen ihm diese
neue Entscheidung zu. [b]

Auswertung

Geben Sie sich für jedes angekreuzte a aus Teil A und für jedes
a aus Teil B zwei Punkte, und
zählen Sie sie getrennt zusammen.
Tragen Sie Ihre beiden Punktzahlen dann hier jeweils durch ein
Kreuz ein.

Aa	Ba
	24
	22
	20
24	18
22	16
18	12
16	10
14	8
12	6
10	4
8	2
6	0
4	
2	
0	

Verbinden Sie Ihre beiden Kreuze
miteinander. Die für Sie gültige
Auswertung finden Sie unter dem
Symbol, das der von Ihnen ge-
schaffenen Figur am ähnlichsten ist.

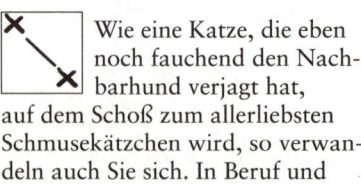 Wie eine Katze, die eben
noch fauchend den Nach-
barhund verjagt hat,
auf dem Schoß zum allerliebsten
Schmusekätzchen wird, so verwandeln auch Sie sich. In Beruf und

Öffentlichkeit lassen Sie sich
längst nicht alles gefallen und
zeigen Ihre Krallen. Aber gegenüber FreundInnen und Partnern
sind Sie allzu schnell bereit, zu
verzeihen und Verständnis zu
zeigen – als wäre jede Liebe oder
Zuneigung durch einen Krach
bedroht. Dahinter verbirgt sich
eine tiefsitzende Angst vor Trennungen. Bei Menschen, die Sie
lieben, taucht dieses Gefühl auf,
nicht aber bei Leuten, mit denen
Sie gefühlsmäßig nicht viel verbindet. Unter dieser ungleich
verteilten Wut leiden aber nicht
nur die »fremden« Leute, sondern
am meisten die, um deren Zuneigung Sie sich so stark bemühen.
Ihr Partner kann sich nicht
ernstgenommen fühlen, wenn Sie
innerlich allzuoft mit einem
versöhnlichen »Er meint's ja
nicht so« reagieren. Er wird Ihre
Aggression vermissen, möglicherweise bis hinein in die Sexualität.
Machen Sie sich klar, daß Liebe
und Wut sich durchaus vertragen.
Kleinen Kindern sagt man oft
»sei lieb«, wenn man ihnen Ärger
ausreden möchte. Aber Liebe und
lieb sein sind wahrscheinlich nicht
dasselbe!
Große Kinder sollten sich daran
erinnern, daß sich das, was sich
liebt, auch mal (ordentlich) necken
muß …

Sie schaffen sich Luft. Und zwar dann, wenn es angebracht ist. Sie haben keine Angst vor Konflikten: Ob Freund, ob Feind – wenn Ihnen die Galle überläuft, dann wird das jedermann deutlich. Sie haben die Fähigkeit, sich richtig zu ärgern und nicht darauf zu achten, ob es gerade passend ist. Bei ihnen weiß jeder, woran er ist.

Doch Vorsicht: Wenn Sie's übertreiben, werden Sie Ihren Mitmenschen auf den Wecker fallen. Nicht immer sind die anderen schuld! Manche Probleme und Fehler sind wirklich Ihre eigenen! Sie immer auf die anderen abzuwälzen, schafft kaum Freunde und noch weniger eine entspannte Atmosphäre. Wenn Sie Ihre spontanen Impulse dann nicht zurückhalten können, werden Sie zum Spielball Ihrer eigenen Gefühle und damit abhängig von Ihrer Umwelt. Man braucht ja nur Ihren »roten Knopf« zu drücken, und schon sind Sie auf 180!

Die Möglichkeit, auch mal einzulenken, würde Ihnen nicht nur überflüssige Streitigkeiten ersparen, sondern Sie auch mehr von Ihren weichen Gefühlen spüren lassen: Gewöhnen Sie sich an, nicht immer gleich in die Luft zu gehen. Treten Sie innerlich einen Schritt zurück und entscheiden Sie, wie Sie reagieren möchten. Ihre Fähigkeit, Dampf abzulassen, büßen Sie dadurch nicht ein, aber niemand wird Ihnen mehr vorhalten können, Sie machten zuviel Wind ...

Egal, ob Ihr Chef, Bettgenosse oder beste Freundin Ihren Ärger wecken: Sie lassen ihn immer an derselben Person aus, nämlich an sich selbst. Allmählich sammeln Sie einen ganzen Bauch voll Wut an. Das unbewußte Gefühl, immer nur Hiebe einzustecken und nie welche auszuteilen, entmutigt auf Dauer. Es stimmt traurig und schwächt das Selbstwertgefühl.

Manchmal kommt der heruntergeschluckte Ärger auch auf andere Weise wieder an die Oberfläche: durch indirekte Aggression. Schadenfreude, Vergeßlichkeit, versehentliches Umwerfen von Dingen – das sind all die kleinen, stets entschuldbaren Handlungen, über die andere sich maßlos ärgern, ohne darüber schimpfen zu können. Diese versteckte Art und Weise, Wut abzulassen, wirkt schädlicher auf Beziehungen als ein handfester Krach. Alle Beteiligten fühlen sich unwohl, aber das ärgerliche Gespenst ist nicht zu fassen. Vermutlich war offener, lautstarker Streit schon in Ihrer Kindheit verpönt. Versuchen Sie, sich nicht automatisch immer wieder so zu verhalten. Wenn demnächst jemand auf Ihrem Fuß steht und Sie hören sich »Ach, das macht doch nichts« sagen – werden Sie hellhörig. Lächeln Sie nicht zu schnell, probieren Sie doch mal aus, wie gut sich ein wenig richtige Wut anfühlen kann ...

Sie geben Ärger vom Büro oder von der Straße direkt ins Privatleben weiter. Während Sie vermutlich sonst als zurückhaltend und freundlich eingeschätzt werden, kennen Ihre »Lieben« Sie von der anderen Seite. Die Leute in den eigenen vier Wänden sind ja auch geeignetere Opfer für die Wut: Sie kommen einem ständig zu nahe, es gibt viel mehr wirklich frustrierende Situationen. Und während Vorgesetzte Macht über Sie haben, gilt das für den Partner und FreundInnen nicht in der gleichen Weise. Doch je weniger Ärger wir »draußen« ausdrücken, desto eher dienen nahe Menschen als willkommenes Ventil, um Druck abzulassen. Logisch, daß dadurch jede Beziehung belastet wird.

In Ihrer Kindheit haben Sie vermutlich lernen müssen, daß sich die Stärkeren durchsetzen. Als Schwächere mußten Sie Ihren Ärger beherrschen lernen, um die Stärkeren nicht zu provozieren. Für Erwachsene gilt das aber nicht mehr, sie können zwischen Rolle und Person unterscheiden: Vorgesetzte sind auch nur Menschen. Wer das »vergißt« und allen beruflichen Ärger schluckt, untergräbt sein Selbstwertgefühl und belädt sich mit Schuldgefühlen. Denn auch eine Haustyrannin spürt, daß sie nicht fair ist gegenüber den Menschen, die ihr nahestehen. Fragen Sie sich, was Sie eigentlich befürchten, wenn Sie bei »Mächtigen« Ihren Ärger zurückhalten. Was ist das Allerschlimmste, das passieren kann? Phantasien sind fast immer schlimmer als die Wirklichkeit.

Wie einfühlsam sind Sie?

Soziales Einfühlungsvermögen ist eine lebenswichtige Fähigkeit. Wie wichtig sie ist, wird uns oft erst bewußt, wenn wir dabei versagen: Wir sind richtig ins Fettnäpfchen getreten und möchten vor Peinlichkeit im Boden versinken ... Wir machen mit einer tröstend gemeinten Bemerkung alles noch schlimmer ... Wir glaubten, uns auf jemand verlassen zu können, werden aber schwer enttäuscht ... Einfühlsam sein, das bedeutet, nachvollziehen zu können, was sich im Mitmenschen abspielt, wie sein Verhalten einzuschätzen und intuitiv zu verstehen ist. Daraus ergibt sich, welche zwischenmenschlichen Regeln zu beachten sind. Es ist leichtfertig, die Entwicklung unseres Einfühlungsvermögen nur dem Zufall unserer Lebenserfahrung zu überlassen. Auf die ist nämlich kein Verlaß. Und: Wir treten auf der Stelle. Neue Erfahrungen können wir nur machen, wenn wir verstehen lernen, wodurch wir unsere Einfühlsamkeit blockieren, welche Gefühle wir nicht an uns herankommen lassen.

Was haben die Personen auf dem Bild »Frühstück der Ruderer« von Auguste Renoir (1841–1919) im Sinn? Schauen Sie sich das Bild genau an und ordnen Sie die folgenden Sätze jeweils einer der abgebildeten Personen zu. Schreiben Sie die Ziffer der Person in die Kästchen hinter den jeweiligen Satz. Also: Wer denkt gerade …

»Was habe ich bloß heute Nacht geträumt?«

»Irgendwie gefällt er mir.«

»Diese Schwätzer!«

»Oh, ich halte es nicht mehr aus!«

»Ach, wie bist du süß.«

»Na, laß sehen, was mit dir los ist.«

»Was geht jetzt wohl in ihr vor?«

»Na, dies Spiel kennen wir doch.«

»Nun komm schon, zier dich nicht!«

»Sieh an, es wird ihr zuviel.«

»Ich verstehe, interessant.«

»Wollen mal sehen, wie lange das noch so geht.«

Hier werden zehn Alltagssituationen beschrieben. Kreuzen Sie bitte an, was Sie für richtig halten.

1 Sie beobachten, daß jemand auf der Straße stürzt und verletzt liegenbleibt. Wann wird ihm wohl eher geholfen?

wenn mehrere Menschen zugegen sind	a
wenn nur zwei Menschen zugegen sind	b
in beiden Fällen gleich	c

2 Sie glauben, daß jemand Sie anlügt. Wie bekommen Sie Gewißheit? Sie beobachten am besten ...

seine Augen	a
sein Gesicht	b
seinen Körper	c

3 Ihr Kind hat einen Wutanfall. Wie bringen Sie es am besten zur Ruhe?

mit strengen Strafen	a
großzügig gewähren lassen, ohne Verbote auszusprechen	b
mit klarer Ablehnung, ohne zu strafen	c

4 Man lernt jemanden kennen – auf welchen Eindruck verläßt man sich am ehesten?

auf den ersten Eindruck	a
auf den zweiten Eindruck	b
auf beide Eindrücke	c

5 Sie möchten verhindern, daß Ihr Partner etwas tut, das ihn sehr verlockt – beispielsweise einen Seitensprung. Wie verhalten Sie sich am besten?

gar nichts sagen	a
andeuten, daß ein solches Verhalten verletzend wäre	b
mit harten Konsequenzen drohen, z. B. mit Trennung	c

6 Man trifft jemanden, der einem sympathisch ist. Wann hat man das größte Interesse an diesem Menschen?

wenn er zurückhaltend ist	a
wenn er zuerst zurückhaltend und später sehr freundlich ist	b
wenn er sofort sehr freundlich ist	c

7 Welche Gesichter schätzt man positiver ein?

Gesichter, die man zum ersten Mal sieht	a
Gesichter, die man selten sieht	b
Gesichter, die man häufig sieht	c

8 Wann hält man seine Mitmenschen für ängstlicher?

wenn man selbst gerade keine Angst hat	a
wenn man selbst gerade Angst hat	b
die eigene Angst spielt dabei keine Rolle	c

9 Wer bekommt am leichtesten einen Job?

eine attraktive Person ☐ a
eine weniger attraktive
Person ☐ b
die Person mit den besseren beruflichen Qualifikationen, gleichgültig wie sie aussieht ☐ c

10 Sie finden jemand vom ersten Augenblick an unsympathisch. Wie wird die Beziehung, wenn Sie sich anschließend noch öfter treffen?

sie wird besser ☐ a
sie wird schlechter ☐ b
sie bleibt, wie sie ist ☐ c

Was Leute sagen, läßt immer auch auf ihre Gefühlslage schließen. Lesen Sie folgende Sätze laut, und kreuzen Sie das Gefühl an, das Ihrer Meinung nach am besten zu dem jeweiligen Ausspruch paßt.

11 »Auf jemanden wie den kann ich verzichten«.

verletzt ☐ a
ängstlich ☐ b
verächtlich ☐ c
ärgerlich ☐ d

12 »Wenn er bloß wieder bei mir wäre …«

einsam ☐ a
sehnsüchtig ☐ b
traurig ☐ c
verzweifelt ☐ d

13 »Warum ist er eigentlich zu mir nicht auch mal nett?«

neugierig ☐ a
wütend ☐ b
traurig ☐ c
verblüfft ☐ d

14 »Ach nein, das kann ich doch wirklich nicht machen!«

ängstlich ☐ a
beleidigt ☐ b
schamhaft ☐ c
trotzig ☐ d

15 »Du machst mich wahnsinnig mit deinen ewigen Vorwürfen!«

resigniert ☐ a
verzweifelt ☐ b
wütend ☐ c
verbittert ☐ d

16 »Ich möchte wissen, was du an der so toll findest!«

neugierig ☐ a
ärgerlich ☐ b
ratlos ☐ c
eifersüchtig ☐ d

17 »Mir reicht's. Von Ihnen habe ich endgültig die Nase voll!«

enttäuscht ☐ a
beleidigt ☐ b
überlegen ☐ c
wütend ☐ d

18 »Ich wünschte nur, ich hätte es schon hinter mir …«

ungeduldig ☐ a
entschlossen ☐ b
hilflos ☐ c
ängstlich ☐ d

19 »Ich weiß nicht recht, die
lächelt mir zu viel!«

beeindruckt	a
neidisch	b
mißtrauisch	c
ängstlich	d

20 »Hurra, ich hab's geschafft!«

überrascht	a
stolz	b
erschöpft	c
freudig	d

Auswertung

Wie haben Sie das Bild beurteilt?
In dieser Reihenfolge mußten die
Zahlen den Zitaten zugeordnet
werden:

	6
	8
	1
	10
	2
	3
	7
	5
	12
	11
	4
	9

Geben Sie sich für jede
richtige Antwort einen Punkt.

Wie haben Sie die übrigen Fragen
bewertet? Richtig ist (nach den
Ergebnissen physiologischer
Untersuchungen):

1 =	b	11 =	c
2 =	c	12 =	b
3 =	c	13 =	c
4 =	a	14 =	c
5 =	b	15 =	c
6 =	b	16 =	d
7 =	c	17 =	d
8 =	b	18 =	d
9 =	a	19 =	c
10 =	c	20 =	d

Geben Sie sich hier für jeden Tref-
fer einen Punkt. Insgesamt können
Sie 32 Punkte erreichen.

0 – 17 Punkte:
Besonders feinfühlig sind Sie nicht.
Es fällt Ihnen nicht gerade leicht,
andere zu verstehen. Partnerschaft
und berufliche Beziehungen können darunter leiden. Vermutlich
gehen Ihnen Ihre Mitmenschen
ziemlich schnell auf die Nerven.
Häufig finden Sie deren Gefühle
unsinnig, und Sie weisen sie mit
der Bemerkung »So ein Quatsch«
von sich.
Dabei übersehen Sie Ihre eigenen
Scheuklappen. Sich einfühlen heißt
immer, eigene Erfahrungen auf
andere zu übertragen. Nur so
gelangen Sie zum »Ja, das geht mir
auch so«, also zum Verstehen und
Mitfühlen. Das ist ein rein gefühls-
mäßiger Prozeß, mit Intelligenz
und Vernunft kommen Sie dabei
nicht weiter. Denn zum Nachdenken bleibt keine Zeit, wenn es
ums Einfühlen geht. Wenn Sie
immer erst lange überlegen müssen, haben Sie die Situation schon
allein durch Ihr peinliches Zögern
vermasselt. Auch ein Handbuch
zur besseren Menschenkenntnis,
wie es mittlerweile jeder Supermarkt anbietet, hilft kaum weiter.
Also ran an die Gefühle! Dazu
brauchen Sie übriges das Einfühlungsvermögen Ihrer Mitmenschen, nämlich deren Urteil über
Sie. Was Sie da zu hören kriegen,
wird Sie ärgerlich machen, man-

ches wird Sie auch empfindlich treffen. Und: Sie werden wahrscheinlich verblüfft sein, wieviel andere über Sie wissen. Doch je mehr Sie über sich erfahren und je intensiver Sie sich damit auseinandersetzen, desto hellhöriger werden Sie für andere. Und nach und nach werden Sie sehr viel seltener in Fettnäpfe treten ...

18 – 25 Punkte

Sie wissen häufig, was andere bewegt, sind sozusagen ein ganz kleiner Elefant in einem sehr geräumigen Porzellanladen. Meistens laufen Sie vergnügt durch die Gänge und haben nur selten Malheur. Nur an einigen Regalen kommen Sie nie vorbei, ohne daß es scheppert. Auf diese Unfallstellen sollten Sie genau achten. So entdecken Sie nämlich Ihre schwachen Stellen, jene Gefühlsbereiche, für die Sie sozusagen betriebsblind sind. Es kann Ihnen entgehen, daß Ihre Kollegin eingeschnappt ist oder daß Ihre Kinder Sie vermissen. Erkennen Sie Wut, Traurigkeit, Angst oder Eifersucht bei anderen erst, wenn Sie mit der Nase darauf gestoßen werden? Das passiert, weil Sie selber sich mit diesen Gefühlen nicht auseinandersetzen. Oft könnte Ihnen ein kurzes Innehalten weiterhelfen und die Frage an Sie selbst: »Wieso habe ich eigentlich nicht mitgekriegt, daß sie sauer war?« Wenn Sie mehr auf Mißtöne achten, verbessern Sie letztlich auch Ihre eigene Stimmung.

26 – 32 Punkte:

Sie haben ein besonders feines Gespür für Ihre Mitmenschen, können sich glänzend in deren Gedanken und Vorstellungen, Gefühle und Stimmungen hineinversetzen. Sie werden selten überrascht, denn Sie ahnen oft schon, wie sich eine Situation entwickeln wird.

Ihr Gespür für die Atmosphäre im Raum, Ihre Antenne für die unterschwelligen Signale verraten Ihnen, was wirklich abläuft. Lächelnde Gesichter können Sie nicht von der dicken Luft im Büro ablenken, und Sie ahnen, daß Ihre Freundin Probleme mit ihrem Partner hat, bevor sie es sich selbst eingesteht. Dabei wertet Ihr Unterbewußtes blitzschnell eine große Menge an Informationen aus und flüstert Ihnen die Antwort als Gefühlseindruck zu. Unscheinbare, aber sichtbare Gesten, winzige Veränderungen des Gesichtsausdrucks, scheinbar nebensächliche Handlungen – sie alle verraten, was sich tatsächlich in einer Person abspielt. Trotzdem werden Sie immer nur die Gefühlsregungen verstehen können, mit denen Sie auch selbst im reinen sind. Wer zum Beispiel Angst vor sexuellen Kontakten hat, wird die erotischen Impulse in anderen eben wegen der eigenen Angst nicht richtig wahrnehmen können. Soziales Einfühlungsvermögen beruht also auf Selbsterfahrung. Wenn Sie sich in zwischenmenschlichen Situationen angemessen verhalten, dann spricht das für Ihre gefühlsmäßige Offenheit und ein relativ starkes Selbstbewußtsein. Denn wenn Sie ganz Ihrem Gespür vertrauen, nehmen Sie ja in Kauf, auch einmal ins Fettnäpfchen zu treten. Und daß das trotz Ihres feinen Fingerspitzengefühls manchmal geschieht, werden Sie bestätigen können ...

Nutzen Sie Ihre Intuition?

*Intuition ist unser sechster Sinn. Durch sie wissen
wir viele Dinge, ohne uns darüber klar zu sein,
wie wir zu unserem Wissen gekommen sind.
Durch diese innere Stimme hilft uns unser
Unbewußtes, Lösungen und Entscheidungen zu
finden. Das Bewußtsein ist also nur der Bildschirm
unseres großen biologischen Computers,
in dem wir unbewußt unendlich viel mehr
Informationen aufnehmen und verarbeiten, als wir
glauben. Wenn wir auf unsere Eingebungen
eingehen, nutzen wir diese Fähigkeit.
Der eigenen Intuition zu folgen, setzt
Selbstvertrauen voraus. Wer es tut, wird belohnt,
wird kreativer, sicherer. Viele erfolgreiche
KünstlerInnen, WissenschaftlerInnen und
ManagerInnen vertrauen in entscheidenden
Situationen ihrer Intuition und lassen
sich von ihr leiten.*

1 Kreuzen Sie an, welche dieser Flächen die größere Gesamtfläche hat.

a

b

2 Auf den folgenden vier Strichzeichnungen sind Tiere dargestellt. Die meisten Linien hat der Zeichner wieder wegradiert. Erkennen Sie die Tiere trotzdem?

Schreiben Sie unter die jeweilige Zeichnung, um welches Tier es sich handelt.

a   3   b   2

c   2   d   1

3 Setzen Sie in Gedanken Puzzle A
und Puzzle B zusammen. Welches
hat die größere Gesamtfläche?

A

B

▶ Wie halten Sie es am liebsten bei Urlaubsreisen?

Ich buche fest	0
Ich fahre auf eigene Faust, ohne Plan	2
Ich mache feste Pläne, buche aber nicht	1

▶ Passiert es Ihnen öfter, daß Sie von einer vielversprechenden Bekanntschaft schnell enttäuscht sind?

ja	0
nein	2

▶ Schreiben Sie in Ihrer Freizeit manchmal Gedichte, oder malen oder zeichnen Sie?

ja	2
nein	0

▶ Wenn Sie zu einer bestimmten Zeit aufstehen müssen, werden Sie dann meist von allein, kurz vor dem Klingeln des Weckers, wach?

ja	2
nein	0

▶ Beim Kochen, Nähen oder bei Reparaturen im Haushalt fehlt Ihnen eine Zutat, ein bestimmtes Garn oder ein Werkzeug.
Was ist für Sie typisch in solchen Situationen?

Ich gehe schnell zur Nachbarin oder in einen Laden und besorge, was mir fehlt	0
Mir macht es Spaß zu improvisieren, und meistens wird auch was draus	2

▶ Reagieren Sie oft ganz direkt, ohne vorher nachzudenken?

ja	1
nein	0

▶ Reden Sie oft mit »Händen und Füßen«?

ja	1
nein	0

▶ Gab es in Ihrem Leben mindestens einen Menschen, der für Sie ein wichtiges Vorbild war?

ja	1
nein	0

▶ Haben Sie zu irgendeiner Zeit Ihres erwachsenen Lebens in wichtigen Bereichen völlig anders gedacht und gehandelt, als Sie es heute tun?

ja	1
nein	0

▶ Sie haben die Wahl zwischen diesen beiden Aufgaben. Welche fällt Ihnen leichter?

$(x + 3y)$ $x - y$	0

Welche Winkel sind bei dieser Zeichnung gleich? | 1 |

▶ Was für ein Gefühl hatten Sie
bei der vorigen Frage?

Mir war sofort klar,
daß ich die Aufgabe
nicht lösen sollte. `2`
Ich dachte zuerst,
ich sollte sie lösen. `1`
Ich habe nicht weiter
darüber nachgedacht. `0`

▶ Könnten Sie auf der Stelle
eine/n Ihrer NachbarInnen oder
KollegInnen imitieren?

ja `1`
nein `0`

▶ Sind Sie erstaunt, wenn Sie hören, was andere von Ihnen halten?

meistens `0`
öfter `1`
selten `2`

▶ Können Sie sich sofort an die
letzte Situation erinnern, in der Sie
etwas falsch gemacht haben?

ja `0`
nein `1`

▶ Haben Sie manchmal plötzlich
ein ungutes Gefühl bei einer Sache,
obwohl es scheinbar keinen Anlaß
dafür gibt?

ja `2`
nein `0`

▶ Haben Sie sich in der letzten
Woche zu einem Ihrer Träume
oder zu mehreren Träumen
Gedanken gemacht?

ja `2`
nein `0`

▶ Treffen Sie sowohl beruflich als
auch privat öfter Entscheidungen,
ohne genau erklären zu könne,
warum?

ja `2`
nein `0`

▶ Können Sie sich und anderen
einen Fehler, den Sie gemacht
haben, leicht eingestehen?

ja `1`
nein `0`

▶ Sie steigen aus dem Zug und
entdecken, daß Ihnen Ihre Tasche
mit Geld, Ausweis und Adreßbuch
gestohlen wurde. Jetzt stehen sie
ohne einen Pfennig Geld und ohne
Adresse des Menschen, den Sie
aufsuchen wollten, in einer fremden Stadt. Was tun Sie? Wie viele
Lösungsmöglichkeiten fallen Ihnen
innerhalb von 2 Minute ein?

weniger als 2 `0`
2 bis 4 `1`
5 bis 6 `2`
7 und mehr `3`

▶ Interessieren Sie sich für
Bücher, Artikel oder Gespräche,
in denen es um übersinnliche
Phänomen geht?

ja `1`
nein `0`

▶ Kommt es häufiger vor, daß
Sie jemanden erkennen, sich aber
nicht an seinen Namen erinnern
können?

ja `1`
nein `0`

▶ Haben Sie manchmal Erlebnisse, die nicht mit dem Zufall allein zu erklären sind? Daß Sie zum Beispiel an jemanden denken, und prompt sehen Sie ihn kurz darauf nach langer Zeit wieder, daß Sie über jemanden sprechen, und kurz darauf ruft er unerwartet bei Ihnen an, und so weiter?

ja   2
nein   0

▶ Haben Sie einen guten Draht zu kleinen Kindern?

ja   1
nein   0

▶ Was ist eher typisch für Sie, wenn Sie mitten in der Nacht vom Telefon aus dem Schlaf gerissen werden?

Ich bin verärgert.   0
Ich hab' gleich eine Ahnung, wer das sein könnte.   2
Ich wundere mich, was wohl passiert ist.   1

▶ Was lesen Sie privat lieber?

Sachbücher   0
Romane oder Erzählungen   1

Auswertung

Prüfen Sie zunächst, ob Ihre Antworten auf die Fragen 1 bis 3 richtig waren:

Frage **1**: b ist größer
a = 0 Punkte, b = 1 Punkt

Frage **2**: Punkte gibt's nur für die richtig erratenen Tiere.

a Vogel............ = 3 Punkte
b Huhn .... = 2 Punkte
c Fisch .... = 2 Punkte
d Katze............ = 1 Punkt

Frage **3**: b ist größer.
b = 1 Punkt, a = 0 Punkte.

Zählen Sie Ihre Punkte zusammen, und lesen Sie die Ihrer Punktzahl entsprechende Auswertung.

37 – 51 Punkte:
Stark ausgeprägte Intuition
Sie haben sicher geahnt, daß Sie in dieser Kategorie landen werden – so wie Sie auch sonst vieles ahnen oder erspüren. Ihr Unbewußtes hat dann Informationen gesammelt, ausgewertet und flüstert Ihnen das Ergebnis zu. Sie vertrauen Ihrer inneren Stimme und den inneren Bildern, und Sie handeln danach. Dadurch bleiben Sie spontan und kreativ. Nach neueren Forschungen scheint Intuition eher eine Fähigkeit unserer rechten Gehirnhälfte zu sein, logische Verstandestätigkeit scheint dagegen eher von der linken Gehirnhälfte gesteuert zu werden. Die aber ist in unserer vernunftbetonten »Männerwelt« ohnehin pausenlos im Einsatz.
Die – sprichwörtliche – »weibliche Intuition« sorgt für den nötigen Ausgleich. Je komplizierter und undurchschauberer die Welt wird, desto glücklicher können Sie sich schätzen, so viel Intuition zu besitzen. Doch Vorsicht! Wer sich einzig und allein auf seine Intuition verläßt, scheut vielleicht davor zurück, Probleme klar zu durchdenken. So kann zum Beispiel das Gefühl, die neue Liebe der Freundin werde bald in die Brüche gehen, schlicht und einfach den eigenen Neid verraten.

Wenn Sie lernen, mit klarem Kopf zwischen Wünschen, Mutmaßen, Hoffen und wirklicher Intuition zu unterscheiden, wächst Ihre intuitive Sicherheit noch. Dann können Sie sich wirklich darauf verlassen, daß das Gras wächst, wenn Sie es das nächste Mal wachsen hören.

20 – 36 Punkte:
Vernachlässigte Intuition

Sie besitzen die Fähigkeit zur Intuition, aber Sie nutzen Sie nicht. Mancher »Aha-Effekt«, manche Inspiration geht Ihnen verloren, weil Sie sich selbst psychologische Hindernisse in den Weg legen. Zum Beispiel Mißtrauen: Wenn Sie nur an Fakten und Faßbares glauben, müssen Sie logischerweise annehmen, Sie sähen Gespenster, wenn Sie eine Eingebung haben. Aber denken Sie mal an Liebe auf den ersten Blick, an bewegende Musik oder befreienden Humor – alles das hat mit Intuition zu tun. Unterhalten Sie sich mit Menschen, die ihrer inneren Stimme vertrauen, und tun Sie deren Erfahrungen nicht vorschnell als »Quatsch« ab. Über die Intuition können Sie Ihrer vernachlässigten Gefühlswelt wieder näherkommen. Zum Beispiel Risikoscheu: Intuition ist eine unberechenbare Größe, die sich nicht kontrollieren und manipulieren läßt. Wer stark auf Sicherheit bedacht ist, wird seiner Intuition die Zügel anlegen. Mit ein wenig Mut können sie Ihrer Intuition helfen, sich wieder

zu entwickeln. Versuchen Sie, öfter aus dem Bauch heraus spontan zu entscheiden. Beginnen Sie damit bei unwichtigeren Dingen. Dann werden Sie Vertrauen in Ihre Eingebungen bekommen und sich auch in schwierigen Situationen mal auf sie verlassen. Zum Beispiel Selbstkritik: Wer kein gutes Haar an sich läßt, wird auch seinen inneren Botschaften nicht trauen. Mit einem schnellen »Ach, ich mache mir ja doch nur was vor« werden sie vom Tisch gewischt. Ihnen reicht nicht die bloße Ahnung, Sie wollen Beweise. Die kann es aber höchstens im nachhinein geben: ob nämlich Ihre Intuition richtig war oder nicht. Versuchen Sie, weniger hohe Ansprüche an sich selbst zu stellen. Beginnen Sie auch hier bei Kleinigkeiten. Wenn Sie erst mal Ihre Fähigkeiten ein bißchen geschult haben, wird das Ihrem Selbstbewußtsein guttun.

0 – 19 Punkte:
Verschüttete Intuition

Sie haben sich so weit von Ihrer inneren Stimme entfernt, daß Sie fast nur noch auf das angewiesen sind, was Ihnen Ihr Verstand sagt. Sie leben »mono in einer stereophonen Welt«, wie es der Psychologe Philip Goldberg ausdrückt. Ihr Kanal nach innen wird von der Hektik und den Anforderungen des Alltagslebens übertönt. Streß und Erschöpfung aber sind Gift für die intuitive Kraft. Sie kann sich nur entfalten, wenn man (manchmal) die Seele baumeln läßt: spazierengehen, faul im Bett oder in der Badewanne liegen, sich ohne Eile schminken, Musik hören, die Blumen gießen oder meditieren. Versuchen Sie, Ihre intuitiven Fähigkeiten langsam wieder aus der Versenkung zu holen.

Richten Sie Ihr Augenmerk auf viele verschiedene Dinge, erweitern Sie Ihre Interessen, und beachten Sie auch Bereiche, die Sie bisher vernachlässigt haben. Ein breiter Horizont versorgt die Intuition mit Bildern, Ideen und Eindrücken – so sammeln wir Material für die Eingebung.

Vielleicht versuchen Sie es mal mit diesen beiden kleinen Übungen.

Entscheiden: Trainieren Sie, sich schnell zu entscheiden, beim Einkaufen am Gemüsestand, bei der Wahl eines Sitzplatzes im Kino, beim Essenbestellen im Restaurant und in anderen Alltagssituationen. Je öfter Sie die Erfahrung machen, daß Sie auch ohne große Überlegung richtige Entscheidungen fällen, desto besser wird sich mit der Zeit Ihre Intuition entwickeln können.

Hellsehen: Beim Beobachten anderer Menschen können wir unsere Intuition durch »Hellsehen« schulen: In welchen Wagen wird die junge Frau, die gerade den Parkplatz betritt, einsteigen? Welchem Kunden gehört wohl der vor dem Supermarkt angebundene Hund? Welche Fußgängerin wird bei Grün als erste losgehen? Mit der Zeit wird Ihre »Trefferquote« immer besser werden und Ihr Zutrauen in Ihre Intuition wachsen, so daß Sie sich auch sonst stärker darauf verlassen können.

Wie sensibel sind Sie?

*Ob uns alles gleich »unter die Haut« geht oder
wir eher »dickfellig« sind, wird zum Teil durch
unsere Gene bestimmt. Zartbesaitete Menschen
sind eher schlechte Reizabschirmer, ihr Nerven-
system ist leicht zu erregen. Doch mehr als die
körperliche Funktionsweise bestimmt unsere
Gefühlswelt unsere Sensibilität. Wie die Sprache
schon verrät, legen wir uns »ein dickes Fell« zu,
wir glauben, uns vor emotionalen Kränkungen und
beängstigendem Erleben schützen zu müssen.
Schon als Kinder beginnen wir, bestimmte Dinge
gar nicht mehr oder nur noch beschränkt
wahrzunehmen, oder zumindest innerlich nicht
mehr darauf zu reagieren. Wir verbergen unser
verletzliches Selbstwertgefühl hinter einer starren,
dicken Schutzmauer, hinter der wir dann selbst
kaum noch Luft kriegen. Um unsere Sensibilität
wiederzufinden, müssen wir unterscheiden lernen
zwischen Empfindsamkeit und Empfindlichkeit,
zwischen innerer Stabilität und Gefühllosigkeit.
Das können wir nur, wenn wir verstehen,
wo es sich für uns lohnt, noch einmal
hinzufühlen.*

Kreuzen Sie jedesmal die Antwort
an, die auf Ihr Verhalten oder Ihre
Einstellung am ehesten zutrifft:

Teil 1

▶ Wann fühlen Sie sich aktiver
und leistungsfähiger?

morgens ☐ 2
abends ☐ 0

▶ Empfinden Sie künstliches Licht
in Räumen als geradezu schmerzhaft für die Augen?

ja ☐ 2
nein ☐ 0

▶ Ich höre gern in Ruhe Musik.

ja ☐ 2
nein ☐ 0

▶ Ich kann mich auch dann gut
konzentrieren, wenn es um mich
herum sehr laut ist.

ja ☐ 0
nein ☐ 2

▶ Welches ist Ihre liebste
Jahreszeit?

Frühling ☐ 0

Sommer ☐ 0

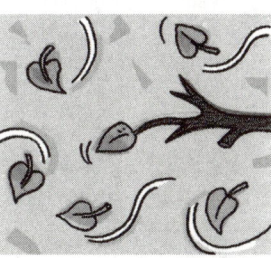

Herbst ☐ 4

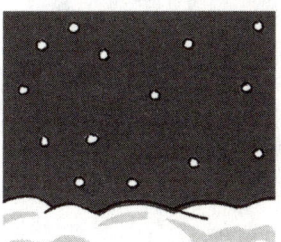

Winter ☐ 1

▶ Schreiben Sie regelmäßig oder
gelegentlich Gedichte, Geschichten
oder Tagebuch?

ja ☐ 2
habe ich nur als
Jugendliche(r) getan ☐ 1
nein ☐ 0

▶ Es gibt Farben, die ich absolut nicht ausstehen kann und deshalb auch nie tragen würde.

ja	2
nein	0

▶ Ich lüge …

nie	0
selten	3
häufig	2
oft	1

▶ Sehen Sie sich diese Bilder an. Haben Sie den für diese Orte jeweils typischen Geruch gleich »in der Nase«?
Tragen Sie ihre Antwort bitte in die zweite Spalte unten ein.

▶ Können Sie sofort zwei Speisen nennen, die Ihnen zuwider sind, daß Sie sie beim besten Willen nicht herunterkriegen?

ja	2
nein	0

▶ Es vergeht kaum ein Tag, an dem ich nicht irgendwelche Beschwerden in meinem Körper wahrnehme.

stimmt	3
stimmt eher nicht	1
stimmt nicht	0

▶ Erschrecken Sie leicht?

ja	1
nein	0

Fischstand

Tankstelle

Krankenhausflur

Ja, ganz deutlich	4
Ja, aber nur für einen oder zwei dieser Orte	3
Nur ungefähr	1
Nein, ich rieche nichts	0

▶ Was genießen Sie am meisten?

in der Disko zu tanzen 0

ins Theater/Konzert
zu gehen 2

gemütlich fernzusehen 1

ganz ruhig auf der
Veranda zu sitzen 3

▶ Schließen Sie die Augen, und stellen Sie sich vor, eine Katze schliche in Ihrem Wohnzimmer umher.

Das fällt mir leicht,
ich sehe alles klar
und plastisch vor mir. 4
Ich sehe es vor mir, aber
etwas verschwommen
und undeutlich. 3
Ich bekomme kein
richtiges Bild davon. 0

▶ Stellen Sie sich vor, ein Arm würde sich so um Ihre Schulter legen wie auf dieser Zeichnung. Können Sie den Arm deutlich auf Ihrer Schulter spüren?

ja, sofort 4
ja, nach einiger Zeit,
wenn auch nicht deutlich 2
nein, es fällt mir schwer 0

Teil II

▶ Sie sitzen im Wartezimmer Ihrer Ärztin. Eine Patientin, die nach Ihnen gekommen ist, wird ins Sprechzimmer gebeten. Was tun Sie?

Ich denke »Aha, Privatpatientin!«	0
Ich bin verärgert über diese Ungerechtigkeit, akzeptiere sie aber grollend.	3
Ich beschwere mich bei der Sprechstundenhilfe.	1

▶ Ich mache leider immer wieder die Erfahrung, daß ich mich mit den falschen Leuten eingelassen habe.

stimmt	2
stimmt nicht	0

▶ Ich hatte in meiner Jugend dauernd Krach mit meinen Eltern.

stimmt	0
stimmt nicht	2

▶ Mir klingen Sätze oft noch Monate später in den Ohren.

stimmt	2
stimmt nicht	0

▶ Ich kann nach einer Arbeit gut und leicht abschalten.

stimmt	0
stimmt nicht	2

▶ Ich sehe es meinen KollegInnen oder FreundInnen an der Nasenspitze an, wenn sie etwas auf dem Herzen haben.

stimmt	2
stimmt nicht	0

▶ Ich bin oft das Opfer dummer Sprüche und Bemerkungen.

stimmt	2
stimmt nicht	0

▶ Haben Sie oft das Gefühl, es im Leben besonders schwer zu haben?

ja	2
nein	0

▶ Meine Stimmungen wechseln schnell und plötzlich.

stimmt	2
stimmt nicht	0

▶ Wenn Sie von politischen Skandalen wie zum Beispiel Bestechung oder Unterschlagung hören …

dann läßt mich das kalt.	0
finde ich es unglaublich und schüttele innerlich den Kopf darüber.	1
bin ich hell empört und möchte am liebsten gleich selbst die Wahrheit ans Licht bringen.	3

▶ Ist es Ihnen schon öfter passiert, daß Sie von Bekannten nicht zu einem Fest eingeladen worden sind, obwohl Sie damit gerechnet hatten?

ja	2
nein	0

▶ Ihr Nachbar oder Kollege, der Sie sonst immer grüßt, geht an Ihnen vorbei, ohne Sie zu beachten. Wie reagieren Sie?

Ich überlege, ob was zwischen uns vorgefallen ist, und denke noch länger darüber nach.	3
Ich vermute, er hat einen schlechten Tag, und kümmere mich nicht weiter darum.	0

▶ Auch wenn ich mich kritisch betrachte, kann ich feststellen, daß ich sehr pflichtbewußt bin.

stimmt	2
stimmt nicht	0

▶ Gibt es Menschen in Ihrer Umgebung, denen Sie nach Möglichkeit aus dem Weg gehen, mit denen Sie nicht sprechen wollen?

ja	2
nein	0

▶ In welcher Situation der hier geschilderten Situation erwarten Sie eine Entschuldigung?
Eine Frau hat mit dem Einkaufswagen den Gang im Supermarkt blockiert.
Jemand schnappt sich den letzten Artikel aus dem Regal, obwohl Sie auch gerade zugreifen wollen.
Ein kleines Kind an der Hand seiner Mutter oder seines Vaters streckt Ihnen die Zunge heraus.

in keiner	0
bei allen	4
nur bei einer	1
in zwei Situationen	3

▶ Auch wenn das behauptet wird: Es gibt keine ausgleichende Gerechtigkeit im Leben!

stimmt	2
stimmt nicht	0

▶ Ich habe mich schon öfter mit meinen besten FreundInnen verkracht.

stimmt	2
stimmt nicht	0

▶ Leider haben viele Menschen Freude daran, andere zu kränken.

stimmt	2
stimmt nicht	0

▶ Ich bin froh, daß wir im Deutschen einen Unterschied zwischen »Du« und »Sie« machen können.

stimmt	2
stimmt nicht	0

▶ Fühlen Sie sich dem Weinen nahe, wenn sie einen traurigen Film sehen.

ja	2
nein	0

Auswertung

Zählen Sie Ihre Punkte für Teil 1 und Teil 2 getrennt zusammen. Kreuzen Sie dann in den beiden unteren Säulen an, wo Ihre Punktzahlen liegen. Beispiel: Bei unter 25 Punkten für Teil 1 kommt das Kreuz in das dunklere Feld der linken Säule. Aus der Kombination der beiden Kreuze ergibt sich der Buchstabe für Auswertung.

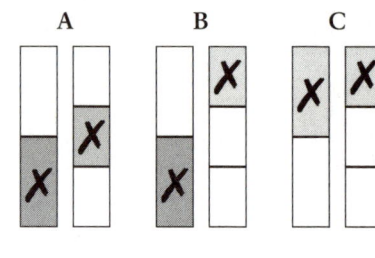

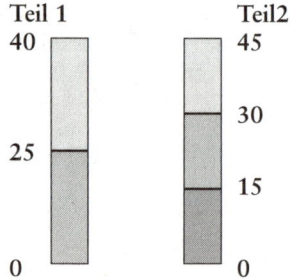

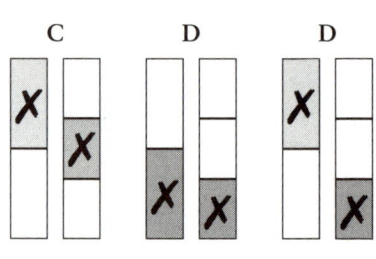

A

Sie machen weder aus einer Mücke einen Elefanten noch umgekehrt aus einem Elefanten eine Mücke. Sie wollen nicht wie ein rohes Ei behandelt werden und können Kritik meistens gut vertragen. Sicher haben auch Sie als Kind die Wirkung des Schmollens ausprobiert, haben getestet, was Mama und Papa tun, wenn man gar nicht reagiert und sich nichts anmerken läßt. Jedes Kind experimentiert mit diesen Tricks, um sich durchzuset-

zen. Sie sind noch immer in Ihrem Verhaltensprogramm vorrätig, aber heute sind Sie erwachsen genug, um auf anderem Wege Ihre Ziele zu erreichen.

Wenn Sie empfindlich reagieren oder wenn Ihnen vorgeworfen wird, sich zu verschanzen, sollte Sie das nachdenklich machen. Sie reagieren dann nämlich in der betreffenden Situation nicht direkt, sondern ausweichend, weil Sie mit einem Gefühl nicht im reinen sind. Sowohl mimosenhaftes Zurück-

weichen als auch dickfelliges Ignorieren sind ja nur vordergründig
gegen andere gerichtet. Im Grunde
schützen Sie sich damit selbst vor
Risiken, unangenehmen Situationen und möglichen Mißerfolgen.
Versuchen Sie doch einmal, diese
Seite an Ihren gekränkten
Gefühlen und verstockten Reaktionen zu sehen. Wenn Sie genauer
darauf achten, wann und wo Sie
empfindlich reagieren, kann daraus größere Empfindsamkeit und
besseres Einfühlungsvermögen
erwachsen. Achten sie auf die
Körpersignale, die sich einstellen,
wenn Sie »empfindlich berührt«
werden, und fragen Sie sich selbst,
warum Sie gerade jetzt so und
nicht anders reagieren.

B
Der englische Schriftsteller
Oscar Wilde hat einmal spöttisch
bemerkt, sensible Menschen seien
diejenigen, die ihren Mitmenschen
auf die Hühneraugen treten.
Obwohl Sie ausgesprochen empfindlich reagieren, wenn Sie –
wirklich oder vermeintlich – angegriffen und kritisiert werden,
behandeln Sie Ihrerseits Ihre
Umgebung nicht besonders scho-
nend. Sie neigen dazu, Ihre Empfindlichkeit auszuspielen, um Ihren
Interessen Nachdruck zu verleihen.
Dabei sind Ihnen die Gefühle der
anderen dann ziemlich schnuppe.
Diese Charakterisierung empfinden Sie wahrscheinlich als übertrieben. Schließlich erleben Sie es
völlig anders, fühlen sich oft durch

Gesten oder Bemerkungen zu
Unrecht angegriffen und beleidigt.
Doch wenn Sie wirklich so von
sich selbst überzeugt wären, würden Sie nicht auf alles betroffen
reagieren, was auch nur entfernt
wie ein Zweifel an Ihren Fähigkeiten klingt.
Worte bleiben nämlich dort hängen, wo sie einen Haken finden.
Wer auf eine Bemerkung überemp-
findlich reagiert, trägt einen Konflikt in sich, in den sich die Äuße-
rung des anderen »verhaken
kann«. Schmollen und Beleidigt-
sein verraten, daß wir an einer
schwachen Stelle getroffen wurden
und das nicht wahrhaben möchten. Wenn Sie Ihren Mitmenschen
nicht länger auf die Zehen treten
möchten, sollten Sie sich immer
wieder fragen, warum Sie jetzt
gekränkt sind. Denn die Bemerkungen der anderen sind nur die
Auslöser, der Grund für Ihre
Betroffenheit liegt in Ihnen.

C
Sie haben es nicht leicht – aber
leicht hat es Sie! Denn alles, was
auf Sie einströmt, geht Ihnen
gleich mächtig unter die Haut. Ihre
intensive Art des Erlebens öffnet
Ihnen den Weg zu Kunst, Literatur
und Musik, aber im zwischenmenschlichen Bereich schlägt sie
Ihnen möglicherweise oft die Tür
vor der Nase zu. »So geht es den
Empfindsamen! Die Liebe spielt
ihnen immer die schlimmsten
Streiche«, hat Lessing gesagt. Sie
werden oft geradezu von Situatio-

nen überwältigt und verlieren dann die realistische Sicht für Ihr Gegenüber. Vielleicht hat diese Erfahrung zur Folge, daß Sie sich aus Angst vor Wiederholung oft von anderen zurückziehen.

Trotz Ihrer Empfindsamkeit sind Sie nicht unbedingt besonders einfühlsam. Sie sind zwar bemüht, niemandem weh zu tun, weil Sie die Wirkung unbedachter Worte oft am eigenen Leib erfahren, aber Sie neigen mitunter selbst zu verletzender Ironie.

Achten Sie darauf, daß Sie sich nicht automatisch auf Ihre Sensibilität herausreden, sobald es gilt, sich zu behaupten und Paroli zu bieten. Lernen Sie, nicht zu fliehen, sondern standzuhalten. Das geht nur, wenn Sie mit Ihren Kräften schonender umgehen. Ihre nicht sehr strapazierfähigen Nervenenden brauchen ausreichend Ruhe und Entspannung. Akzeptieren Sie, daß Sie vielleicht öfter als andere Menschen Abschaltpausen brauchen.

D
Der vielstrapazierte Götz von Berlichingen könnte zu Ihren Vorbildern zählen: Ihre erste Reaktion ist oft »Ihr könnt mich mal …« Sie haben gelernt, Dinge nicht an sich herankommen zu lassen und Ihren Mitmenschen klarzumachen, wo bei Ihnen die Grenze ist. Das ist von Vorteil, wenn es darum geht, sich durchzusetzen – zum Beispiel im Beruf. Aber es ist von Nachteil, wenn es um Kritik und Wünsche anderer geht, die von Herzen kommen. Denn im Kontakt mit nahen Personen haben Sie sich angewöhnt, un-empfindlich zu reagieren. Das war vermutlich in Ihrer Kindheit die beste Möglichkeit, widersprüchlichen Anforderungen und Erwartungen auszuweichen. Doch die Welt verliert einiges an Reiz, wenn wir es zu gut verstehen, Reize auszublenden. Es ist nämlich nicht möglich, sich nur die unangenehmen Erfahrungen vom Leib zu halten, angenehme aber aufzunehmen. Wer die Ohren verschließt, hört zwar keinen Tadel, aber auch kein Lob.

Lassen Sie sich also ein wenig mehr »beeindrucken«. Wahrscheinlich müssen Sie gar nicht allzu tief in sich hineinhorchen, um festzustellen, daß Sie Ihre Empfindungen nicht völlig abgeschaltet, sondern den Ton nur sehr leise gestellt haben. Dickhäuter, so weiß es ja der Volksmund, sind in Wahrheit sehr sensibel, und unter ihrer rauhen Schale verbirgt sich ein weicher Kern.

Freundschaften
und Kontakte

Sind Sie eine gute Freundin?

»Ein Freund, ein guter Freund, das ist das Schönste,
was es gibt auf der Welt …«, besingt ein alter
Schlager. Doch weder Freunde noch Freundinnen
fallen uns in den Schoß. Tiefe Freundschaften
sind anspruchsvolle Beziehungen, die durch weit
mehr als Sympathie und gleiche Interessen
zusammengehalten werden. Sie existieren auch
nicht ganz selbstverständlich und unveränderbar,
sondern müssen wie Pflanzen ständig gepflegt
werden, um wachsen und gedeihen zu können.
Offenheit und Zeit füreinander sind die
Grundbedingungen jeder Freundschaft. Doch
persönliche Ängste und Hemmungen verhindern
oftmals, daß wir uns unseren FreundInnen so
intensiv widmen, wie sie es verdienen.
Niemals zuvor hatten feste, dauerhafte
Freundschaften eine so große Bedeutung wie in
unserer Zeit ständiger Veränderungen.
Wir können nicht darauf vertrauen, FreundInnen
einfach zu finden. Wenn Sie gute FreundInnen
haben wollen, müssen Sie auch sich selbst fragen,
ob Sie eine gute Freundin sind.

Kreuzen Sie die Antwort an, die auf Sie zutrifft. Wenn bei einer Antwort mehrere Buchstaben stehen, kreuzen Sie bitte alle an.

▶ Ich bin von meinen Freundinnen fast immer völlig begeistert.

eher ja	E
das kommt darauf an	F
eher nein	C

▶ Haben Sie schon einmal ein Verhältnis mit dem Partner einer Freundin gehabt?

ja	C
nein	F

▶ Ihre Freundin hat Ihnen eine peinliche, aber auch sehr komische Geschichte von sich erzählt.

Sie behalten die Geschichte für sich.	F
Sie amüsieren auch andere damit.	C

▶ Wenn ich glaube, daß meine Freundin einen Fehler macht und z. B. einen Partner wählt, der nicht gut für sie ist, dann würde ich …

… ihr das sofort sagen.	B
… sie darauf ansprechen, was ihr an ihm liegt.	F
… ihre Gefühle berücksichtigen und eher nichts sagen.	D

▶ Sie haben sich gerade total verknallt. Wie erfahren Ihre Freundinnen davon?

Ich brenne darauf, gleich all meinen Freundinnen davon zu erzählen, und komme gar nicht vom Telefon weg.	E
Ich rufe meine beste Freundin an und erzähle es den anderen erst nach und nach.	F
Ich erzähle es meinen guten Freundinnen erst, wenn ich sicher bin, daß aus der Verliebtheit etwas Ernstes wird, und wenn wir uns wieder treffen.	D

▶ Sie streiten mit Ihrem Partner ums Haushaltsgeld. Ihre Freundin ist anwesend. Sie erwarten, daß sie …

… Ihre Partei ergreift.	B
… sich aus dem Streit heraushält.	C, D
… versucht, zu vermitteln.	E
… ihre eigene Meinung äußert.	F

▶ Wissen Sie die Telefonnummern Ihrer zwei besten Freundinnen aus dem Kopf?

ja	F
nein	A

▶ Kennen Ihre besten Freundinnen Ihren Monatsverdienst und Ihre finanzielle Situation?

ja	F
nein	D

▶Würden Sie von Ihrer besten
Freundin erwarten, daß sie in einer
Scheidungsverhandlung zu Ihren
Gunsten lügt?   ja | B |
                                nein | F |

▶ Während der Arbeit fällt Ihnen
plötzlich ein, daß Sie lange nichts
von Ihrer Freundin gehört haben.
Sie denken noch etwas
darüber nach und
vergessen es dann. | A |
Sie beschließen, sie in
nächster Zeit mal wieder
anzurufen …
… und vergessen es dann. | C |
… und tun es auch. | F |
Sie stürzen gleich ans
Telefon und fragen nach,
was eigentlich los ist. | B |

▶ Sagen Sie Ihrer besten Freundin
manchmal, was sie Ihnen bedeutet,
oder gar, daß Sie sie lieben?
                                ja | F |
                                nein | D |

▶ Betreiben Sie gemeinsam mit
Freundinnen Sport oder ein Hobby?
                                ja | F |
                                nein | A |

▶ Sprechen Sie mit ihren Freundinnen über sexuelle Probleme?
Ja, es gibt keinen Grund,
irgend etwas davon zu
verschweigen. | E |
Ja, aber nur mit meinen
besten Freundinnen. | F |
Nein, darüber spreche ich
nur mit dem Partner,
den es betrifft. | E |

▶ Ihre Freundin hat sich ein
supermodernes Kleid gekauft,
das ihr überhaupt nicht steht.
Sie sagen gar nichts. | F |
Sie sagen offen,
wie Sie es finden. | C, B |
Sie sagen,
daß Sie es mögen. | E, D |

▶ Haben Sie schon öfter eine
Freundin verloren, weil diese eine
intensive Liebesbeziehung einging?
                                ja | B |
                                nein | F |

▶ Wissen Sie von Ihren guten
Freundinnen, über welches
Geschenk sie sich freuen würden?
                                ja | F |
                                nein | A |

▶ Haben Sie immer eine Freundin,
der Sie sich in jeder Notlage rück-
haltlos anvertrauen können?
                            eher ja | F |
                            eher nein | D |

▶ Haben Sie außer einer flüchti-
gen Umarmung bei der Begrüßung
Körperkontakt zu Ihrer Freundin?
                            eher ja | B, E |
                            eher nein | D,A,C |

▶ Rufen Sie häufig mal eine
Freundin an, einfach um zu hören,
wie es ihr geht?
                            eher ja | F |
                            eher nein | A |

▶ Sagen Sie Verabredungen mit einer Freundin auch kurzfristig ab, wenn Sie keine Lust mehr auf ein Treffen haben?

eher ja	A, C
nur in Ausnahmefällen, wenn ich weiß, daß ich meine Freundin nicht zu sehr enttäusche	F
eher nein	D

▶ Gratulieren Sie Ihren Freundinnen zum Geburtstag?

ja, allen	E
nur wirklich guten Freundinnen	F
Ich vergesse es meistens.	A, C

▶ Ihre Freundinnen sind Ihnen in ihren beruflichen, finanziellen und privaten Erfolgen …

… eher überlegen.	B
… eher unterlegen.	C
… gleichgestellt.	F

▶ Haben Sie im letzten Jahr ein Fest für viele Freundinnen, Freunde und Bekannte gegeben?

ja	F
nein	A

▶ Haben Sie eher das Gefühl …

… viele gute Freundinnen zu haben?	E
… eine oder zwei wirklich gute Freundinnen zu haben?	F

▶ Gehen Sie auch zu Ihrer Freundin, wenn es Ihnen schlechtgeht, und weinen sich dort aus?

ja, oft	B, E
manchmal	F
eher nicht	D

▶ Treffen Sie Ihre Freundinnen meist in einer größeren Clique?

eher ja	A
nein, eher allein	B
Das hält sich die Waage.	F

▶ Streiten Sie sich mit Ihren Freundinnen?

so gut wie nie	D, E
manchmal	F
Ich habe mich mit manchen Freundinnen so sehr gestritten, daß unsere Freundschaft daran zerbrach.	B

▶ Lassen Ihnen Beruf und Familie/Partnerschaft kaum noch genügend Zeit für Ihre Freundschaften?

ja	A, C
nein	F

▶ Finden Sie manchmal beim Aufräumen Bücher, Kleider, Schmuckstücke etc., die Sie sich eigentlich nur für kurze Zeit von einer Freundin ausleihen wollten?

ja, öfter	C
ja, manchmal	F
eigentlich nie	A

▶ Sprechen Sie mit Ihren Freundinnen offen über die Probleme in
Ihrer Freundschaft?

eher nein   [D]

manchmal   [F]

immer wieder   [E]

vor allem, wenn ich
enttäuscht bin   [B]

Auswertung

Zählen Sie zuerst nach, wie oft Sie »F« angestrichen haben, und lesen Sie dann auf dem Freundschafts-Barometer ab, wie es generell für Sie und Ihre Freundinnen steht. Ermitteln Sie dann, ob Sie am häufigsten A, B, C, D oder E angekreuzt haben. Sie finden unter diesen Buchstaben die Auswertung über Ihre Freundschaftsqualitäten. Sie können jeden Buchstaben im Höchstfall 12mal ankreuzen. Je häufiger Sie einen Buchstaben gewählt haben, desto stärker stellt sich Ihnen möglicherweise das in der dazugehörigen Auswertung beschriebene Problem. Haben Sie mehrere Buchstaben gleich häufig angekreuzt, gelten die dazugehörigen Auswertungen in abgeschwächter Form.

Ihr Freundschafts-Barometer

24 – 29mal F

Kein Wölkchen am strahlenden Freundschafts-Himmel.

18 – 23mal F

Einzelne Schauer trüben Ihre Freundschaften.

12 – 17mal F

Wechselhaft

6–11mal F

Tendenz, mit Ihren Freundschaften baden zu gehen.

0–5mal F

Gefahr, freundschaftsmäßig im Regen zu stehen.

A

Kleine Geschenke erhalten die Freundschaft.
(Deutsches Sprichwort)
Ihre Freundschaften leiden unter einem Mangel an Aufmerksamkeit. Sie handeln, als gehörten Freundschaften so selbstverständlich zum Leben wie der Sonnenaufgang. Sie neigen dazu, selbst gute und wertvolle Freundschaften schlichtweg zu verschlampen. Nicht umsonst spricht man davon, Freundschaften zu pflegen. Wenn die kleinen Gesten, die Signale der Verbundenheit ausbleiben, beginnt die Pflanze der Freundschaft schnell zu welken. Möglicherweise sind Sie unsicher, ob Ihre Angebote auch freundlich aufgenommen werden. Oder Sie meinen, andere Menschen müßten auch ohne einen Vorstoß von Ihrer Seite für Sie dasein. Nur durch mehr Achtsamkeit können Sie beständige Freundschaften entwickeln, in denen Sie auch solche Ängste oder zu hohe Erwartungen verlieren können.

Was Sie tun können:
Schaffen Sie in Ihrem Terminkalender Raum für Ihre Freundinnen. Greifen Sie öfter zum Hörer, zu Stift und Papier, zum Kochbuch oder zu einem Veranstaltungsprogramm. Verabreden Sie sich. Denken Sie nicht nur an Ihre Freundin, melden Sie sich auch bei ihr. Vielleicht ist es wichtig, sich auch allein mit Ihrer Freundin zu treffen – ohne Mann und Kind und Kegel oder die ganze Freundesclique, damit wirkliche Intimität wachsen kann. Sie können eine ganze Menge tun – packen Sie es an!

B

Wer Freunde ohne Fehler sucht, bleibt ohne Freund.
(Türkisches Sprichwort)
Freundschaft lebt von Nähe und Distanz. Sie ist, wie ein anderes Sprichwort sagt, »Liebe mit Verstand«. Sie neigen aber dazu, sich abgelehnt zu fühlen, wenn Sie nicht auf völlige Offenheit und unbedingte Gemeinsamkeit treffen. Ihr Bild von Freundschaft beruht auf dem Alles-oder-nichts-Prinzip. Es läßt keine liebevolle Distanz zu. Recht schnell bauen Sie eine sehr intensive Freundschaft auf, von der Sie aber genausoschnell wieder enttäuscht werden können.
In alldem drückt sich möglicherweise ein unbewußtes Bedürfnis nach Nähe und Abhängigkeit aus. Sie sind bereit, alles zu geben, möchten aber dieselbe Bereitschaft auch von Ihrer Freundin. Sie tendieren dann dazu, sich bei allen Themen frei und ungeschminkt zu äußern. Das wird oft als mangelnder Respekt erlebt und kann für die andere Person sehr verletzend sein. Im Wunsch, ganz füreinander dazusein, übersehen Sie möglicherweise die Wünsche Ihrer Freundin und schaffen so Konflikte.

Was Sie tun können:
Sprechen Sie mit einer wirklich guten Freundin einmal über die gegenseitigen Ansprüche. Was unterscheidet für Sie eine Liebesbeziehung von einer Freundschaft? Drückt sich das auch in Ihrem Verhalten aus? Vielleicht ist es hilfreich, manchmal nur zuzuhören und sich ganz in die Lage der Freundin zu versetzen. Richten Sie doch Ihre Aufmerksamkeit einmal gezielt auf die Unterschiede zwischen Ihnen beiden, auf die Eigenschaften, die Sie aneinander nicht mögen. Nicht dadurch, daß Sie sich gleichen, sondern dadurch, daß Sie sich unterscheiden, wird die Freundin zu einem Spiegel für Sie.

C

Jedermann will einen Freund haben, aber niemand gibt sich die Mühe, einer zu sein.
(Alfred Kerr, 1867–1948, deutscher Schriftsteller)
Obwohl Sie vermutlich glauben, daß Sie sehr wohl auf die Wünsche Ihrer Freundin achten, scheinen Sie unbewußt dazu zu neigen, Freundschaften zu erschweren. Vertrauen und Offenheit setzen Respekt, Verschwiegenheit, Zuverlässigkeit und Unterstützung voraus. Die Freude zwischen Ihnen und Ihren Freundinnen wird jedoch immer wieder getrübt, weil Sie die andere Person kränken. Das kurzfristig abgesagte Essen, das nicht zurückgegebene Buch, die nicht geschickte Urlaubskarte – oft sind es solche Kleinigkeiten, die eine Freundschaft belasten. Hinter solchen »Vergeßlichkeiten« stecken oft verdeckte Aggressionen. Sie können aber auch Ausdruck der unbewußten Angst sein, zu sehr von der Freundschaft abhängig zu werden. Die versteckte Botschaft heißt dann: »Ich brauche dich nicht.« Doch gerade tragfähige Freundschaften vermindern die Angst vor Abhängigkeit in anderen Beziehungen. Deshalb dürfte es sich lohnen, Ihr Verhalten genauer zu überprüfen.

Was Sie tun können:
Aufräumen – innerlich und äußerlich. Wo liegen noch unbeantwortete persönliche Briefe herum? Welcher Freundin schulden Sie noch ein Essen, welcher Geld (und wenn es nur ein paar Mark sind)? Mit welcher müssen Sie sich aussprechen, bei welcher sich vielleicht entschuldigen? Unerledigte Geschichten kosten eine Menge Kraft. Vielleicht gilt es aber auch, über die eine oder andere Freundschaft neu nachzudenken. Vielleicht war Ihr Verhalten deshalb »unkameradschaftlich«, weil die Beziehung auf eine andere Basis gestellt werden muß.
Die gewonnene Ordnung sollte Ihnen in jedem Fall helfen, wieder mehr Leben in Ihre Freundschaften zu bringen.

D

Ein Freund ist ein Mensch, vor dem man laut denken kann.
(Ralph Waldo Emerson, 1803–1882, amerikanischer Philosoph)
Bei Freundschaft ist – im Gegensatz zur Bekanntschaft – Raum für jede Art von Gefühlen. Bekannte bekommen meist die strahlende Alltagsmaske zu sehen. Leider haben Sie auch gegenüber Freundinnen die Tendenz, vieles zu verbergen. Gefühle, die die Freundin in Ihnen auslöst, werden wahrscheinlich viel zu selten oder gar nicht angesprochen. Über Zuneigung reden Sie kaum.
Doch wo direkte Gefühle fehlen, hat es die Freundschaft schwer, sich weiterzuentwickeln. Unsicherheit taucht auf, weil nichts geklärt ist. Wo Intimität, Vertrauen und Nähe wachsen möchten, hemmen die ausgeklammerten Themen und Gefühle den Kontakt. Dahinter verbirgt sich sicherlich auch die Angst, nicht akzeptiert zu werden, wenn Sie sich so zeigen, wie Sie sind. Schade, denn gerade die Freundschaft ist dazu da, offen und liebevoll auch auf die gegenseitigen Schwächen einzugehen.

Was Sie tun können:
Machen Sie sich einmal klar, was in Ihren Freundschaften ausgetauscht und was ausgeklammert wird. Oft ist es sinnvoll, in einer Freundschaft gerade dann heiße Themen anzusprechen, wenn sie augenblicklich nicht so drängend sind. Meist werden die Reaktionen Ihrer Freundinnen weniger dramatisch verlaufen, als Sie es sich ausmalen. Sprechen Sie darüber, was Sie sich voneinander wünschen, was Sie miteinander erleben, was Ihnen manchmal fehlt, was Sie irritiert oder Ihnen viel bedeutet. Es ist leichter, zunächst darüber zu plaudern, wie man einander früher gesehen hat, als direkt mit einem »Ich mag dich« zu beginnen. Vermutlich ermuntern Sie damit Ihre Freundin, in der Freundschaft offener und intensiver zu sein.

E

Manche Freunde taugen nicht zum Teetrinken.
(Japanisches Sprichwort)
Sie schließen relativ leicht Freundschaften, entdecken schnell eine verwandte Seele und bauen ein enges Verhältnis auf. Wenn Sie jemanden brauchen, ist immer jemand da. Ihre Angst vor dem Alleinsein ist vermutlich ziemlich groß. Sie ist häufig die treibende Kraft, wenn Sie in einer Beziehung schnell Einverständnis herstellen und Auseinandersetzungen geschickt aus dem Weg gehen. Kritik, Streit, Meinungsverschiedenheiten – auch solche negativen Gefühle gehören zu einer Freundschaft. Befreundet zu sein, heißt auch, zu erkennen, daß man verschieden ist. Sie neigen dazu, relativ schnell von einer intensiven

Freundschaft in die nächste zu wechseln. Im Extremfall ähneln Ihre Freundschaften eher beliebigen Urlaubsbekanntschaften. Schade – denn bei Ihrer Kontaktfähigkeit können Sie befriedigendere Freundschaften finden.

Was Sie tun können:
Bei welcher Freundin trauen Sie sich am ehesten, auch einmal kritisiert und nicht nur mit Samthandschuhen angefaßt zu werden? Sind das vielleicht gerade die Freundschaften, die zu vertiefen sich lohnen würde? Angst und Unbehagen in einer Freundschaft können ein Zeichen dafür sein, daß man nicht besonders gut zueinander paßt. Aber in der Angst verbirgt sich auch, was wir unbewußt vermeiden. Wenn Sie erleben, daß Sie auch dann gemocht werden, wenn Ihre Freundin nicht alles an Ihnen akzeptiert, ist das sicher eine gute Erfahrung. Und wenn Sie weniger nach Harmonie streben und mehr nach ehrlicher Begegnung, kann Ihr Selbstbewußtsein wachsen. Dann haben Sie eine Chance, Ihre Angst vor dem Alleinsein zu verlieren.

Wie angepaßt sind Sie?

*Jeder Mensch wird in eine bestimmte Gesellschaft
geboren und übernimmt deren Werte,
Ziele und Ideen. Daneben besitzen wir aber auch
eine individuelle Entscheidungsfreiheit und
damit die Möglichkeit, Regeln zu brechen.
In diesem Spannungsfeld entsteht das, was die
Sozialpsychologen »soziale Anpassung« nennen.
Wir entwickeln im Laufe unserer Kindheit und
Jugend unsere ganz individuelle Art, äußere
Ansprüche und innere Bedürfnisse gegeneinander
abzuwägen. Einerseits bringt man uns schon als
Kind bei, Recht und Ordnung zu halten,
andererseits sollen wir nicht werden wie alle
anderen, sondern uns selbst verwirklichen.
Aber manchmal trügt der Augenschein: Eine ewig
provozierende Rebellin sind wir dann, wenn wir zu
einer inneren Unabhängigkeit gefunden haben,
die uns erlaubt, auch Kompromisse zu machen.
Erst wenn wir verstehen, auf welche inneren
Abhängigkeiten wir unbewußt noch reagieren,
wird es möglich, innerlich frei zu sein und
unnötiger Anpassung zu entgehen.*

Kreuzen Sie pro Frage nur eine Antwortmöglichkeit an. Finden Sie keine, von der Sie das Gefühl haben, daß sie genau auf Sie zutrifft, dann kreuzen Sie bitte die an, die Ihrer Antwort am nächsten kommt.

▶ Wann haben Sie das letzte Mal – allein oder mit einem Partner – den größten Teil eines Tages im Bett verbracht – einfach weil Sie Lust dazu hatten?

noch nie	D
bevor die Kinder da waren, öfter	A,B,C
etwa vor 2 Monaten	A
etwa vor einem halben Jahr	B
das ist lange her	C

▶ Hier sind fünf verschiedene Frühstücksvorschläge:
Spiegeleier – Brötchen mit Butter und Marmelade – Pfannkuchen – Müsli/Früchte – Katerfrühstück. Wie viele verschiedene Frühstücke haben Sie im letzten Jahr gegessen.

1	D
2	C
3	A
4 oder mehr	B

▶ Schreiben Sie jetzt bitte für eine Minute so viele Stichwörter zu dem Begriff Fitneß auf, wie Ihnen einfallen.

weniger als 5 Stichwörter	D
5 – 10 Stichwörter	B
11 – 15 Stichwörter	C
mehr als 15 Stichwörter	A

▶ Sie und Ihr Partner sind zu einem Kostümball eingeladen. Thema »Welches berühmte Paar wären Sie gern?« Worauf fällt Ihre Wahl?

Bonnie und Clyde	B
John Lennon und Yoko Ono	A
Jean-Paul Sartre und Simone de Beauvoir	D
Wir gehen als wir selbst	C

▶ Sie gehen zum Friseur. Für welche Art Frisur entscheiden Sie sich eher?

klassisch	D
modisch	A
praktisch	C
extravagant	B

▶ Haben Sie sich in der Öffentlichkeit schon einmal als jemand ausgegeben, der Sie gar nicht sind?

Das mach' ich öfter, aus Spaß.	B
in einigen Situationen, ja	A
manchmal, wenn es mir angebracht erscheint	C
nein	D

▶ Gibt es Nacktfotos von Ihnen?

ganze Serien	B
Mein (Ex-)Partner hat mal ein paar von mir gemacht.	A
zwei, drei eher zufällig entstandene aus dem Badeurlaub	C
nein, nur Babybilder	D

▶ Haben Sie je an Demonstrationen teilgenommen?

ja	A
ein paarmal	C
ja, früher in meiner »Demo-Zeit«	B
nein	D

▶ Haben Sie sich schon einmal oder mehrmals durch Prüfungen durchgeschummelt?

durch alle, in denen es irgendwie möglich war	B
durch einige	C
Nur in wenigen Situationen habe ich geschummelt.	A
nein, nie	D

▶ Hat man Ihnen schon öfter gesagt, daß Ihre Stimme sei eher

hoch	B, D
tief	A, C

▶ Sie haben im Preisausschreiben einer Modezeitschrift gewonnen. Wählen Sie Ihren Traumpreis:

ein Exklusivmodell von einem französischen Modeschöpfer Ihrer Wahl, extra für Sie hergestellt	B
Eine der besten Schneiderinnen der Stadt näht für Sie 200 Stunden nach Ihren Entwürfen.	A
ein Gutschein über 10.000 Mark zum Einkaufen in allen Boutiquen Ihrer Stadt, 5 Jahre gültig	C
Eine Top-Modeberaterin steht Ihnen die nächsten 10 Jahre zur Seite und hilft Ihnen, sich einzukleiden.	D

▶ Würden Sie auf einer Straßendiskussion Ihre politische Ansicht vertreten?

Ich habe keine feste.	B
wenn es mich interessiert, ja	A
Leider sind diese Diskussionen meist niveaulos.	D
Ich glaube kaum.	C

▶ Machen Sie gern etwas Verbotenes?

Ja, es reizt mich!	B
Nicht so sehr, ich fühle mich unwohl dabei.	C
wenn es sein muß, immer	A
nein	D

▶ Wenn Sie sich einen ungewöhnlichen Urlaub aussuchen könnten – welcher würde Sie reizen?

Windsurfen vor Bali	B
Überlebenstraining in Kanada	A
Tauchkurs vor Israel	C
Wolle färben in Peru	D

▶ Marihuana, Haschisch, LSD, Ecstacy oder Kokain – gab es Zeiten, in denen Sie diese illegalen Drogen probiert haben?

ja, öfter	B
ja, manchmal	A, C
nein, nie	D

▶ Was trifft für Sie bei
Auseinandersetzungen mit
Vorgesetzten zu?

Ich hatte nie eine richtige. ☐ D

Ich ertrage viel, aber
irgendwann reicht's. ☐ C

Hinterher bin ich völlig fertig. ☐ B

Ich werde dann laut und
halte nichts zurück. ☐ A

▶ Streichen Sie alle Versicherun-
gen, Sparverträge und so weiter
an, die Sie besitzen:

Lebensversicherung
Haftpflichtversicherung
Bausparvertrag
Hausratversicherung
Diebstahlversicherung
Prämiensparvertrag
Unfallversicherung
Auto-Insassenversicherung

▶ Wie würden Sie sich gern über
die Leinwand flimmern sehen? In
einer Neuverfilmung übernähmen
Sie am liebsten die Rolle von ...

Wie viele sind es?   0 – 3 ☐ C, A
4 – 5 ☐ B
6 – 8 ☐ D

Elizabeth Taylor in »Wer hat
Angst vor Virgina Woolf?« ☐ C

Marlene Dietrich in
»Der blaue Engel« ☐ A

Marilyn Monroe in
»Das verflixte siebte Jahr« ☐ B

Ingrid Bergman in
»Casablanca« ☐ D

▶ Bekommen Sie von anderen Menschen positive oder negative Kommentare über Ihr Aussehen und Ihre Kleidung?

Privat und am Arbeitsplatz:

oft	B
selten	D, C
manchmal	A

von Fremden auf der Straße:

oft	B
das kommt vor	A
eigentlich nicht	C, D

▶ Hatten Sie schon Ärger mit der Polizei?

öfter	A, B
einige Male	A, B
ein-, zweimal	C, D
nie	C, D

▶ Welcher wäre Ihr Traumberuf?

Fotomodell	B
Ärztin	D
freie Journalistin	C
Bildhauerin	A

▶ Unterschreiben Sie Aufrufe und Unterschriftenlisten?

selten	B
manche, die sinnvolle Forderungen enthalten	C
wenn es einem guten Zweck dient	D
ja	A

▶ Schauen Sie sich kritisch in Ihrem Zimmer um: Wie steht's mit der Ordnung?

es geht so	C
etwas unordentlich	D
ziemliches Chaos	B
gut so	A

▶ Hatten Sie schon offen eingestanden zwei oder mehrere intime Beziehungen gleichzeitig?

mehrmals	A
ja	C
von kurzen Affären abgesehen, nein	B
nein, nie	D

Auswertung

Gehen Sie die von Ihnen ange-kreuzten Antworten durch, und zählen Sie zusammen, wie oft Ihre Antworten mit A, B, C und D gekennzeichnet sind. Finden Sie mehrere Buchstaben in einer Antwort, so zählen Sie alle mit. Der Buchstabe, den Sie am häufig-sten erhalten, verrät Ihnen, welche Antwort am deutlichsten auf Sie zutrifft. Sollten Sie beim Auszählen auf die gleiche Anzahl für zwei Kennzeichen kommen, dann überprüfen Sie Ihre Antworten bitte noch einmal; bei gleich-bleibendem Ergebnis gelten beide mit den Buchstaben verbundenen Antworten für Sie, wenn auch nur eingeschränkt.

A	B	C	D

A
Sie sind eigenständig und gewohnt zu tun, was Sie möchten. Dabei sind Sie offen für die Strömungen der Zeit. Aus Kultur und Mode wählen Sie aus, was Ihnen zusagt und variieren es auf Ihre Art. Sie benötigen keinen Applaus von Ihrer Umwelt – was aber nicht bedeutet, daß sie Ihnen gleich-gültig sei. Im Gegenteil: Sie sind bereit, sich für gesellschaftliche Fragen einzusetzen. Problematisch wird Ihre Kompro-mißlosigkeit im persönlichen Bereich. Sie lassen nicht immer Raum für die Bedürfnisse Ihrer Mitmenschen. Wenn Ihr Partner Ihnen ähnelt, geraten Sie leicht in Auseinandersetzungen. Mit einer Person dagegen, die die Schwäche hinter Ihrer Stärke sieht, können Sie in einer guten Beziehung leben. In der Berufswelt haben Sie ver-mutlich Schwierigkeiten, sich in Hierarchien einzuordnen. Auf Dauer können Sie Ihre kreativen Impulse nicht unterdrücken. Die traditionelle Frauenrolle ist nicht der geeignete Rahmen für Sie, daher sind Sie vielleicht gezwungen, in Auseinandersetzun-gen mit einer Umwelt zu leben, die Sie gern in dieser Rolle sähe. Solange Sie sich immer wieder mit anderen Menschen offen austau-schen, haben Sie ausreichende Möglichkeiten, nicht angepaßt und doch harmonisch zu leben.

B
Obwohl Sie im Grunde sozial angepaßt sind, verstehen Sie es, äußerlich den Rahmen des Norma-len zu sprengen. Durch Ihre Extra-vaganzen und stetigen Verände-rungen wird Ihre Umwelt immer wieder zur Aufmerksamkeit genötigt. Doch ist das Auffallen-wollen nicht so sehr Ausdruck Ihrer Individualität, sondern eher

Suche nach Bestätigung. Hinter ihrem steten Wechsel verbirgt sich Unsicherheit über die eigene Person. Der Weg zur Harmonie mit sich selbst ist Ihnen wahrscheinlich durch prägende Kindheitskonflikte erschwert. Ihr Protest ist oft, ohne daß Ihnen das deutlich wird, Ausdruck von Angepaßtheit und nicht von Selbstverwirklichung.

Verbergen Sie mit Ihrem Veränderungsdrang die Angst, zu versagen? Ein Versagen, das sich zeigen könnte, wenn Sie kontinuierlich mit derselben Sache oder Person befaßt wären? Sie neigen dazu, viel Kraft in Ihre Fassade zu stecken, hinter der Sie auch Ihre Bedürfnisse nach Geborgenheit, Nähe und Verläßlichkeit verbergen. Schauen Sie nicht nur nach außen, sondern auch nach innen. Entdecken Sie, was Sie tatsächlich für sich selbst tun.

C

Ihre Form der Nichtanpassung ist die stille Verweigerung. Sie haben feste Vorstellungen davon, wer Sie sind und was für Sie richtig ist, und verfolgen konsequent Ihre Interessen. An äußerlicher Demonstration von Individualismus oder Originalität liegt Ihnen nicht viel. Ja, mitunter sind Ihnen Äußerlichkeiten wie Mode sogar zuwider. Ihre Individualität spielt sich weitgehend in Ihnen selbst ab, so daß Sie sozial angepaßt erscheinen, ohne sich dabei von Ihrem Wesen zu entfernen. Ihr Innenleben bleibt unter Verschluß, und damit auch

Ihre negativen Seiten. Möglicherweise tun Sie Ausdrucksfähigkeit und Ideenreichtum, an denen es Ihnen etwas mangelt, als Schaumschlägerei ab. Wenn Sie Schritte nach außen wagen, werden Sie mit Ihrer Verletzbarkeit in Berührung kommen, die Sie durch Ihre zurückgezogene Lebensart jetzt schützen. Die Bereitschaft dazu wäre wichtig, wenn Sie nicht nur als zuverlässig, sondern auch als kreativ und anregend erfahren werden möchten.

D

Ihre soziale Angepaßtheit ist ziemlich ausgeprägt. Ihr Handeln ist weniger durch Ihre eigenen Erfahrungen bestimmt als durch die erlernten sozialen Regeln. Für die Umwelt sind Sie sozusagen pflegeleicht und werden höchstwahrscheinlich als freundlich und sympathisch angesehen. Große Streitereien im Alltag haben Sie von daher kaum auszustehen. Sie versuchen, Ihre Mitmenschen auf Distanz zu halten, und erwarten von ihnen, daß sie die Regeln genauso streng einhalten wie Sie selbst. Das führt aber leicht zu Intoleranz. In Ihnen herrscht vermutlich eine Spannung zwischen den unterdrückten Impulsen nach Ausgelassenheit und Ihrer wattierten Außenhaut »Normalität«. Sie sind deshalb gezwungen, Ihre Innenwelt unter Kontrolle zu halten, um Ihre äußere Tadellosigkeit nicht zu gefährden. Diese Haltung droht Sie psychisch mehr und mehr erstarren zu lassen, weil Sie ja jetzt nicht aus sich selbst heraus schöpfen, sondern vor allem vorgegebene, abgesegnete Verhaltensweisen bei sich zulassen. Mehr Auseinandersetzung mit Ihren verborgenen Ängsten würde Ihnen helfen, Ihre dahinplätschernde Zufriedenheit durch wirkliche, weil Ihrer Gefühlswelt entsprechende Befriedigung zu ersetzen.

Kann man sich auf Sie verlassen?

*PartnerInnen FreudInnen, Bekannte oder
ArbeitskollegInnen, die Absprachen, Termine und
Verabredungen nicht einhalten, gehen uns gewaltig
auf die Nerven. Auf Unzuverlässigkeit bei anderen
reagieren wir sofort. Viel seltener fragen wir uns,
wie es um unsere eigene Zuverlässigkeit steht.
Nehmen wir Absprachen wirklich ernst, oder
versprechen wir mehr, als wir halten können?
Doch die Einhaltung von gegebenen Zusagen allein
macht uns noch nicht zuverlässig. Zuverlässigkeit
ist kein Verhalten, sondern eine emotionale
Qualität, die eng mit unserem Selbstbewußtsein
zusammenhängt. Wenn wir eine vereinbarte
Verabredung erfüllen, um den anderen nicht zu
enttäuschen, und selbst keine Lust dazu haben,
handeln wir nicht zuverlässig, sondern
pflichterfüllend. Auf wahrhaftige Weise
zuverlässig können wir nur sein,
wenn wir uns selbst treu sind.*

Denken Sie bei jeder Frage in Ruhe nach, kreuzen Sie an, was auf Sie zutrifft, und tragen Sie zunächst die Punktzahlen neben den Fragen ein, dann gesondert Plus- und Minuspunkte in den entsprechenden Kästchen.

1 Als Sie das letzte Mal zum Essen eingeladen wurden, waren Sie da pünktlich?

ja	2
nein	0
+ Punkte	

2 Kennen Sie die Geburtstage Ihrer beiden besten Freundinnen auswendig?
Pro Datum ein Punkt.

+ Punkte	

3 Haben Sie in den letzten zwei Wochen wirklich alle Telefonanrufe weitergegeben.

ja	2
nein	0
+ Punkte	

4 Wenn Sie bei Frage 30 angekommen sind, ergänzen Sie bitte diesen Satz. Aber bitte wirklich erst dann.
»Ich halte mich für ....
zuverlässig.«

5 Haben Sie früher oft die Schule geschwänzt?

ja	0
nein	3
+ Punkte	

6 Wie viele Briefe liegen noch bei Ihnen herum, die Sie schon seit über einem Monat beantworten wollen?
Pro Brief geben Sie sich bitte einen Minuspunkt, aber insgesamt nicht mehr als 3.

– Punkte	

7 Sind Sie letzte Woche irgendwann zu spät gekommen?

ja	0
nein	2
+ Punkte	

8 Wie viele Bücher und Schallplatten sind noch in Ihrem Besitz, die Sie schon längst zurückgeben wollten?
Geben Sie sich pro Gegenstand einen Minuspunkt, im Höchstfall 4.

– Punkte	

9 Fallen Ihnen auf Anhieb mehr als fünf Personen ein, bei denen Sie sich schon lange wieder einmal melden wollten?

ja	0
nein	2
+ Punkte	

10 Neigen Sie dazu, öfter mal zu übertreiben und Ihre Erfahrungen wie spannende Geschichten zu erzählen?

ja	0
nein	2
+ Punkte	

11 Halten Sie in Ihrem Beruf alle
Termine und Absprachen ein?

ja	4
selten	1
nie	0
+ Punkte	

12 Wie viele angefangene Hand-
arbeiten (Stricken, Nähen, Basteln)
liegen schon ewig bei Ihnen
herum?
Geben Sie sich für jede einen
Minuspunkt, jedoch maximal 3.

– Punkte	

13 Wie viele FreundInnen wären
bereit, Ihnen auf der Stelle Geld
zu leihen? Für jede/n Freund/in
2 Punkte, höchstens 6 Punkte.

+ Punkte	

14 Gehen Sie manchmal ohne
abzusagen nicht zu einem Fest, zu
dem Sie eingeladen sind.

ja	0
nein	2
+ Punkte	

15 Werden Ihnen persönliche
Geheimnisse unter dem Siegel der
Verschwiegenheit anvertraut?
Geben Sie sich 2 Punkte für jedes
Geheimnis aus dem letzten halben
Jahr, jedoch höchstens 6 Punkte
insgesamt.

+ Punkte	

16 Geben Sie sich pro Geheimnis,
das Sie verraten haben, 4 Minuspunkte, höchstens 12.

– Punkte	

17 Zählen Sie alle Arbeiten auf,
die Sie morgen zu erledigen haben,
z. B. Zahnarzttermin, der Putzfrau
absagen, Freundin bis 10 Uhr
anrufen, neues Fahrradschloß
kaufen, zur Bank gehen etc.
Wenn Sie es auswendig können:
plus 3 Punkte.

+ Punkte	

18 Fahren Sie in Bus oder Bahn
manchmal »schwarz«? Oder als
Autofahrerin, ohne Ihren Führer-
schein dabeizuhaben?

ja	0
selten	1
nie	4
+ Punkte	

19 Werfen Sie manchmal Abfälle
ins Gelände oder auf die Straße?

ja	0
nein	2
+ Punkte	

20 Haben Sie irgendwo Schulden
noch nicht bezahlt, obwohl Sie das
Geld haben?

ja	0
nein	2
+ Punkte	

21 Haben Sie schon einmal heimlich in einem fremden Tage- oder
Notizbuch gelesen?

ja	0
nein	3
+ Punkte	

22 Haben sie sich schon mal
»krankschreiben« lassen?

oft	0
selten	2
nie	4
+ Punkte	

23 Trinken Sie manchmal einen
über den Durst und wissen dann
später nicht mehr genau, was Sie
gesagt haben?

nie	4
selten	2
öfter	0
+ Punkte	

24 Geben Sie sich für jeden heimlichen Seitensprung in den letzten
zwei Jahren jeweils 2 Minuspunkte, zusammen höchstens 8.

– Punkte	

25 Haben Sie Ihren Personal-
ausweis immer bei sich?

ja	2
nein	0
+ Punkte	

26 Haben Sie Ihren Partner bzw.
Ihre Partnerin in der letzten Zeit
belogen?

ja	0
nein	3
+ Punkte	

27 Haben Sie Fundsachen immer
ordnungsgemäß abgegeben?

ja	3
nein	0
+ Punkte	

28 Haben Sie in der letzten Zeit
irgendeine Verabredung kurzfristig
abgesagt?

ja	0
nein	2
+ Punkte	

29 Wie oft sind Sie im letzten
halben Jahr nicht zum Treffen
Ihres Vereins, Klubs oder Freundeskreises erschienen? Geben Sie
sich für jedes Fehlen einen Minuspunkt, höchstens 4.

– Punkte	

30 Fallen Sie mit Ihrer Kleidung
manchmal aus dem der Situation
angemessenen Rahmen?

ja	0
nein	4
+ Punkte	

31 Haben Sie eben den Satz in
Frage 4 ergänzt?

ja	3
nein, hab' ich vergessen	0
+ Punkte	

Auswertung

Zählen Sie bitte Ihre Pluspunkte zusammen, ziehen Sie die Minuspunkte von dieser Zahl ab, und lesen Sie die entsprechende Auswertung.

49 – 72 Punkte: Zuverlässig
Eines der klassischen Vorurteile über die Deutschen besagt, daß sie pünktlich, fleißig, perfekt organisiert und zuverlässig sind. Eine gehörige Portion solchen »Preußentums« gehört wohl auch zu Ihrer Persönlichkeit. Sie selbst werden sich vermutlich nur als jemand einschätzen, der sein Leben angemessen in Ordnung hält und zuverlässig seine Pflichten erfüllt. Daß Sie immer wieder Leuten begegnen, die das nicht tun, macht Sie sehr ärgerlich. Schließlich machen Sie anderen das Leben ja auch nicht durch Schlampereien schwer. Es stimmt schon – Sie haben sehr lobenswerte Eigenschaften. Doch Sie beharren allzu starr darauf, daß sich Ihre Mitmenschen auch in die Zwangsjacke von Ordnung und Perfektion zwängen. Ihre Schwierigkeit besteht darin, die Dinge einmal laufen zu lassen. Sie stellen den inneren Anspruch an sich, immer untadelig zu sein, und halten mit einer Mauer aus Pflichten Ihre Gefühlswelt unter Kontrolle. So herrscht Ruhe, aber wenig Freude.

Denn nirgendwo »anzuecken« bedeutet in erster Linie nicht Selbstverwirklichung, sondern Anpassung. Versuchen Sie, bei den täglichen Anforderungen und Pflichten einmal alle fünf gerade sein zu lassen.

25 – 48 Punkte: Lässig
Sie legen sich kein Korsett von Pflichten an und handeln trotzdem nicht rücksichtslos gegenüber den Erwartungen anderer. Lässigkeit ist, im günstigsten Fall, klar von Unverantwortlichkeit zu unterscheiden. Und Sie scheinen das Gespür für die Grenze zwischen beidem zu haben. Während Sie in Kleinigkeiten keine Perfektion von sich verlangen, sorgen Sie bei wichtigen Angelegenheiten dafür, Ihre Worte und Absichten einzuhalten. Damit beweisen Sie Verantwortungsgefühl und Flexibilität – beides ist ein Zeichen für einen Menschen, der stark genug ist, auch Schwächen zu akzeptieren. So gehen Sie auf jeden Fall als Sieger aus diesem Spiel hervor und brauchen sich eigentlich nur davor zu hüten, Ihre Lässigkeit anderen gegenüber allzusehr »heraushängen« zu lassen.

0 – 24 Punkte: Nachlässig
Sie gehen mit dem Bedürfnis Ihrer Umwelt, sich auf Sie zu verlassen

zu können, ganz schön schludrig um. Das nicht zurückgegebene Buch, die verpatzte Verabredung trüben die Beziehungen und führen im Lauf der Zeit dazu, daß man sowohl beruflich als auch privat nicht mehr sehr viel von Ihnen erwartet. Darunter leiden dann Ihre Bedürfnisse nach Anerkennung und Nähe. Sie werden sozusagen für ihre ständigen Schlampereien bestraft. Was verständlich ist, denn die kleinen Unaufmerksamkeiten sind auch eine Form von Aggression, gegen die die Betroffenen sich zur Wehr setzen. Denn natürlich ärgert sich jemand, der vergeblich auf Sie wartet oder durch Ihre Schuld in Terminnot gerät. Indirekt versetzen Sie anderen einen Hieb, für den Sie angeblich nichts können. Aber: wenn nicht Sie – wer dann? Zuverlässigkeit ist nämlich auch ein Zeichen für Verantwortungsgefühl, für Erwachsensein. Fragen Sie sich, was Sie davon haben, wenn Sie unzuverlässig sind. Wollen Sie mehr Aufmerksamkeit oder Zuwendung? Denn selbst bei einer wütenden Beschwerde stehen Sie ja im Mittelpunkt, man bemüht sich um Sie. Es führt kein Weg daran vorbei: Sie müssen für Ihre Unverantwortlichkeit die Verantwortung übernehmen …

Weniger als 0 Punkte:
Unzuverlässig
Unzuverlässigkeit bekommt angesichts einer immer perfekteren, computergetrimmten Welt allmäh-

lich schon wieder sympathische Züge. Auf Sie ist schlichtweg kein Verlaß – worauf man sich schon wieder verlassen kann! Sie praktizieren eine Rebellion gegen alles, was klappen muß, organisiert und versprochen ist. Dadurch verwandeln Sie Ihr Leben in ein unaufgeräumtes Kinderzimmer, das darauf wartet, von Mama auf Vordermann gebracht zu werden. Wenn Sie Glück haben, findet sich ein Partner, der Ihren unbewußten Hilferuf auf- und die Elternrolle einnimmt. Sind Sie aber auf sich allein gestellt, haben Sie alle Hände voll zu tun, Ihre gröbsten Versäumnisse wiedergutzumachen. Sie gehen anderen auf die Nerven und werfen sich selbst ständig Knüppel zwischen die Beine. Irgendein altes »Programm« aus Ihrer persönlichen Geschichte läuft immer wieder ab, und Ihre Unzuverlässigkeit dient unbewußt dazu, es zu erfüllen. »Ich schaffe es ja doch nicht so, wie es von mir verlangt wird.« Oder: »Es darf mir nicht wirklich gutgehen.« Auf jeden Fall sind Sie nicht das Opfer eines mysteriösen Charakterfehlers, sondern Sie schaffen aktiv Ihr eigenes Chaos. Also können Sie es auch abschaffen. Dazu gehört als erstes, sich als selbständigen, eigenverantwortlichen Menschen zu begreifen.

Können Sie gut allein sein?

*Allein, ohne Kontakt zu anderen Menschen,
begegnen wir vor allem immer uns selbst.
Das kann tiefe Entspannung und große Ruhe
bedeuten, aber auch schreckliche Einsamkeit und
sehr schmerzliche Gefühle von Verlorenheit oder
Sehnsucht. Wer Alleinsein ständig vermeidet,
entflieht genauso seinen Ängsten, wie jemand, der
sich im Alleinsein einigelt. Alleinsein genießen zu
können, ist Voraussetzung dafür, nicht-allein, also
in Beziehungen mit anderen leben zu können.
Ist die Angst vor dem Alleinsein zu groß, werden
Partnerschaften unbefriedigend: Die Angst,
verlassen zu werden, wieder einsam zu sein,
blockiert die Unabhängigkeit und Entfaltung beider
Partner. Der Weg zum anderen und der zu uns
selbst führt also durchs Alleinsein. Unser Umgang
damit verrät, vor welchen prägenden Ängsten
wir auf der Flucht sind.*

Kreuzen Sie in den folgenden
Fragen jeweils die Antwort oder
Aussage an, die am ehesten für Sie
zutrifft. Gerade beim Thema Alleinsein machen wir uns gern etwas
vor. Versuchen Sie, sich Ihr tatsäch-
liches Verhalten klarzumachen.

▶ Was fällt Ihnen als erstes ein,
wenn Sie an »Natur« denken?
Kreuzen Sie das Foto an, das Ihre
Gedanken am besten ausdrückt.

B

A

C

D

Erinnern Sie sich an Ihre Kindheit,
und kreuzen Sie – ohne langes
Nachdenken – an, welches Bild
Ihre damaligen Gefühle am besten
ausdrückt.

A, A

C, C

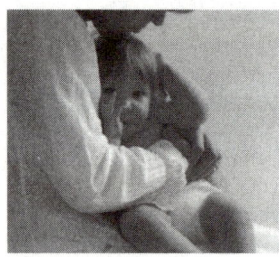

B, B

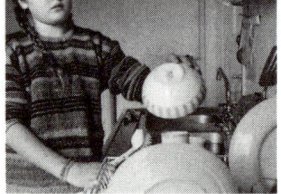

D, D

▶ Sehen Sie fern bzw. lesen Sie
nebenher, wenn Sie allein essen?

ja   D, C
nein   A, B

▶ Lassen Sie die meiste Zeit
nebenher Musik laufen, wenn Sie
allein in der Wohnung sind?

ja   D, C
nein   A, B

▶ Planen Sie private Verabredungen fast immer schon ziemlich
lange im voraus?

ja   A, C
nein   B, D

▶ Leiden Sie unter Familienange-
hörigen, die Ihnen das Gefühl vermitteln »nicht gut genug« zu sein?

ja	C, D
nein	B
Ich bin mir nicht sicher.	A

▶ Fällt es Ihnen leicht, auf andere
Menschen zuzugehen und erste
Kontakte anzuknüpfen?

nein	A
ja	C,D,B

▶ Machen Sie sich jeden Tag eine
Liste der Dinge, die Sie zu erledigen haben?

ja	D
oft	C, B
selten	A

▶ Halten Sie sich für attraktiv
oder interessant?

ja	B
Ich bin mir nicht sicher.	C, D
nein	A

▶ Der Schauspieler Dustin Hoff-
man sagte in einem Interview, er
denke jeden Tag an den Tod und
verstehe nicht, wie jemand das
nicht tue. Wie geht es Ihnen?

Ich denke auch oft bewußt über den Tod nach.	B, B
Ich denke, ehrlich gesagt, lieber nicht darüber nach, es erschreckt mich.	D, D
Mir ist die Unabänderlich- keit klar, wenn ich mal wieder auf dieses Thema gestoßen werde.	A, A
Ich denke nicht gern daran, denn es macht mich traurig.	C, C

▶ Naschen Sie gerade dann
ziemlich viel, wenn Sie nichts zu
tun haben und allein sind?

ja	D, C
nein	A, B

▶ Fühlen Sie sich in Ihrer Freizeit
gelangweilt?

sehr selten	D
manchmal	B, C
öfter	A

▶ Werden Sie leicht eifersüchtig?

ja	A, C
nicht besonders	B
nein	D

▶ Stellen Sie sich vor, Sie haben
Ihre Tasche mit Schlüsseln, Geld
und allen Unterlagen verloren. Sie
sind 20 Kilometer von Ihrem
Wohnort entfernt. Was wäre Ihr
erster Gedanke?

Wer kann mir jetzt bloß helfen?	C
Irgendwie wird das schon gutgehen!	D
Jetzt muß ich genau über- legen, wie ich vorgehe.	A
Ich werde schon damit klarkommen.	B

▶ Haben Sie sich schon öfter
dabei ertappt, daß Sie sich in alten,
schon weggelegten Zeitungen oder
Zeitschriften festgelesen haben?

ja	D, C
nein	A, B

▶ Diese Bilder zeigen die Anfänge
von Alptraum-Geschichten.
Welche könnten Sie am leichtesten
weitererzählen?

A

C

D

▶ Kreuzen Sie spontan an, was für
Sie im Leben am wichtigsten ist.

Unabhängigkeit	D
Geborgenheit	C
Verständnis	A
Freude	B

▶ Überlegen Sie in Ruhe, was auf
Ihren Alltag zutrifft:

Ich kann völlig in einer
Sache aufgehen, wenn sie
mir Freude bereitet.   B

Ich kann mich am
meisten freuen und am
längsten bei einer Sache
bleiben, wenn ich sie
nicht allein tue.   C

Ich mag es am liebsten,
mich auf immer neue
aufregende Sachen
einzustellen.   D

Am meisten Spaß macht
es mir, mich mit intellek-
tuell anspruchsvollen
Dingen zu beschäftigen.   A

▶ Kommt es vor, daß Sie sich
einfach in den Sessel setzen und
die Gedanken wandern lassen,
wenn Sie allein sind?

ja, öfter   A, B

nein, ganz selten   C, D

▶ Trinken Sie gern mal ein
Gläschen, auch wenn niemand
zum Anstoßen da ist?

ja, öfter   C, D

nein   A, B

▶ Wie feiern Sie meist Ihren Geburtstag?

mit vielen Leuten	D
mit ein paar guten Freunden und Bekannten	C
Das hängt von meiner Stimmung ab.	B
oft gar nicht oder eher still	A

▶ Was würden Sie einem Kind vermitteln wollen?

Laß dich nicht unterkriegen!	A
Versuche, dich selbst zu verwirklichen.	B
Lerne verstehen, was richtig ist, und handle danach.	C
Sieh zu, daß du Spaß hast und alles voll auskostest.	D

▶ Wenn Sie am Samstagmorgen aufwachen ...

... ist das Wochenende zumeist fest verplant und verabredet.	C
... gibt es immer reichlich Möglichkeiten, Leute zu treffen.	D
... gibt es meist nur wenige Verabredungen fürs Wochenende.	A
... ist an manchen Wochenenden ganz viel los und an anderen gar nichts.	B

▶ Sie hatten eine Autopanne und hängen übers Wochenende allein in einem winzigen Kaff fest. Sie haben nichts zu lesen, es gießt in Strömen, und die Bordsteine sind, wie man so sagt, »hochgeklappt«.

Würden Sie ...

... die Situation ganz gut ertragen?	A
... mit Mühe damit zurechtkommen?	B
... völlig genervt und innerlich kribbelig sein?	C
... vor Langeweile halb durchdrehen?	D

▶ Wenn Sie tagsüber allein in der Wohnung sind, verkriechen Sie sich dann gern im Bett?

ja	C
nein	A, B
Das kommt fast nie vor.	D

▶ Greifen Sie zum Telefon und reden ausgiebig mit FreundInnen und Bekannten, wenn Sie das Gefühl haben: Mir fällt die Decke auf den Kopf?

ja	D, C
manchmal	B
fast gar nicht	A

▶ Wenn Sie abends allein sind, schalten Sie dann meistens den Fernseher ein, auch wenn Sie das Programm nicht gut finden?

ja	D, C
nein	B, A

▶ Haben Sie im Grunde immer mehr zu tun, als Sie schaffen?

ja	C, D
nein	B, A

▶ Fangen Sie an aufzuräumen, wenn Sie gerade mal etwas Zeit ganz für sich allein haben?

         ja   `C, D`
     nein   `B, A`

▶ Gehen Sie manchmal einfach allein ins Kino, Konzert oder zu Veranstaltungen?

         ja   `A, B`
     nein   `C, D`

▶ Welchen dieser Männer könnten Sie sich als Partner für die ideale Liebesbeziehung am besten vorstellen?

Gérard Depardieu,
»Der Wilde«   `D`

Kevin Costner,
»Der Selbstbewußte«   `B`

Richard Gere,
»Der Schöne«   `A`

Paul Newman,
»Der Treue«   `C`

Auswertung

Zählen Sie zusammen, wie oft Sie A, B, C und D haben. Lesen Sie dann die Auswertung für den Buchstaben, der bei Ihnen am häufigsten vorkam.

C

Allein sein? Das ist ja mal ganz schön, werden Sie sagen, aber ... lange halten Sie das nicht aus. Am liebsten haben Sie ständig jemand um sich herum, griffbereit, ansprechbar. Und je enger die Beziehung, desto besser. Frei nach dem Berliner Spruch: »Eener alleene, det is nich scheene. Aber eener und eene – det is scheene.«
Unabhängig und ungebunden zu sein ist für Sie kein Zustand, der Sie glücklich macht. Denn allein sein setzen Sie gleich mit einsam und verlassen sein. Wenn Sie einen Partner haben, möchten Sie ihn voll und ganz – auch auf die Gefahr hin, einander einzuengen. FreundInnen und Bekannte schätzen Ihre Toleranz, Ihre Hilfsbereitschaft und Ihr Mitgefühl. Aber sind Sie wirklich so selbstlos? Sie wollen aufgesucht werden, wenn's Probleme gibt. Was aber, wenn Sie an einem Sonnabendnachmittag »mutterseelenallein« in der Wohnung sitzen? Dann greifen Sie zum Telefonbuch, irgend jemand wird schon zu erreichen sein, und fragen sie, wie's so geht. Probleme? Ach –

Gott sei Dank, sie hat welche. Und schon haben Sie es mal wieder geschafft, dem Alleinsein, der Angst vor der Einsamkeit zu entkommen. Die Flucht wird aber nicht immer gelingen. Irgendwann müssen Sie sich stellen. Vielleicht ist die Konfrontation gar nicht so schlimm?

D

Erst einmal kommt das Alleinsein und dann, so Ihre große Angst, die Langeweile. Die Langeweile hat bei Ihnen allerdings keine Chance. Sie verschwindet zwischen Videokassetten, der neuesten Zeitschrift, in Kneipen und im Kino.
Bleibt die Frage, was denn Schreckliches passieren könnte, wenn beim Alleinsein die Langeweile auftaucht. Langeweile ist schließlich kein äußerer Umstand, sondern ein innerer Zustand. Sie spüren wenig inneren Antrieb. Woher das kommt? Eine Erklärung könnte sein: Wer zu früh in der Entwicklung der eigenen Phantasie und Kreativität gestört wird, stellt sich darauf ein, fast nur noch auf Anregungen von außen zu reagieren. So lernen wir, vieles zu tun, um viel Beachtung zu finden. Aber wir lernen nicht, uns voll und ganz auf einen Menschen oder eine Aufgabe einzulassen.
Sie glauben, mit dem Abstandhalten Ihre Unabhängigkeit zu bewah-

ren, und Sie hoffen, niemals von einem Menschen abhängig zu sein. In Wahrheit aber haben Sie Angst vor dem Alleinsein, weil Sie allein mit sich wenig anfangen können, Sie fühlen sich einsam. Schade, denn die wahren Abenteuer liegen in uns selbst verborgen. Es lohnt sich, sie zu entdecken!

A
»Wer einsam ist, der hat es gut, weil keiner da, der ihm was tut.« Sollte Wilhelm Busch da über Sie gespottet haben? Wenn Sie sich zurückziehen und viel Zeit allein verbringen, steckt dahinter tatsächlich die Angst, Ihnen könne jemand etwas antun. Sie neigen zu Mißtrauen und erwarten von anderen nicht unbedingt, daß sie das Beste für Sie wollen. Wahrscheinlich sind Sie mal schwer enttäuscht worden. Vielleicht haben Sie bereits als kleines Kind das sogenannte Urvertrauen nicht entwickeln können, weil Sie sich von Ihren Eltern verlassen fühlten.
Nähe behagt Ihnen nicht. Sie haben Angst, sich einem Menschen anzuvertrauen, weil Sie befürchten, daß Ihr Vertrauen mißbraucht und Sie sitzengelassen werden. Und wenn Sie eine Beziehung eingehen, werden Sie leicht eifersüchtig und erwarten mehr Liebesbeweise, als irgend jemand herbeischaffen kann. So ganz wohl fühlen Sie sich aber nicht in Ihrer Burg, Sie würden sie gern mal verlassen. Das ist nicht leicht, aber vielleicht sollten Sie es doch mal versuchen.

B
Sie können allein sein, ohne daß Sie das heulende Elend überkommt. Sie können Tage ohne Besuch und Einladungen gut ertragen, weil Sie die notwendigen Voraussetzungen mitbringen: Sie haben genug Selbstwertgefühl und sind in Ihren eigenen Gefühlen verwurzelt. Kurz: Sie können sich selbst gut leiden. Eine Konfrontation mit sich selbst kann Sie nicht schrecken – selbst nicht in Zeiten, wo nicht alles so läuft, wie Sie es sich gewünscht haben.
Ob Sie tatsächlich allein sein wollen, ist eine andere Frage. Für ein Leben mit einem anderen Menschen haben Sie allerdings gute Karten. Der »Joker« für die Gemeinsamkeit ist die Fähigkeit, Einsamkeit ertragen zu können. Aus zwei Gründen: Man kann nur dann jemand anderen wirklich kennenlernen, wenn man sich selbst kennt. Und: Man hat es nicht nötig, eine Beziehung zur Festung auszubauen, damit der andere nicht entkommt. Vielleicht gelingt es Ihnen, den guten und freundlichen Umgang mit sich selbst weiter auszubauen. Gerade in der bewußt erlebten Einsamkeit entsteht auch die Chance, die Verbundenheit aller Dinge zu erleben. Doch auch wenn Sie das mystische »Alles-ist-eins« nicht erfahren, können Sie ein Stück in Ihrer Selbsterfahrung weiterkommen. Die Voraussetzung dafür bringen Sie mit.

Lassen Sie sich ausnutzen?

*Wie ernsthaft verfolgen wir unsere eigenen
Interessen? Und wie weit erfüllen wir die
Ansprüche unserer Umwelt? Diesen Konflikt
müssen wir immer wieder lösen – in der Familie, im
Beruf, in der Partnerschaft. Wenn wir uns nicht
ausnutzen lassen wollen, müssen wir »nein« zu den
Bedürfnissen der anderen und »ja« zu unseren
eigenen Wünschen sagen können. Das setzt voraus,
daß wir unsere eigenen Bedürfnisse wertschätzen.
Ein gutes Selbstwertgefühl ist die Voraussetzung
dafür, sich nicht ausnutzen zu lassen.
Doch häufig wurde uns in der Kindheit vermittelt,
wir seien nur etwas wert, wenn wir uns verhalten,
wie andere es von uns erwarten. Im Extremfall
haben wir sogar gelernt, uns für andere
aufzuopfern. Zu erkennen, wann und durch
wen wir uns ausnutzen lassen, ist ein möglicher
erster Schritt, um unser verunsichertes
Selbstwertgefühl zu stärken. Und dazu, das
Neinsagen konsequent zu üben.*

Kreuzen Sie im folgenden nur die Aussagen an, die auf Sie zutreffen

▶ Oft muß ich eigene Termine und Verabredungen absagen, um meinen Partner zu unterstützen.

▶ Es fällt mir häufig schwer die richtigen Worte zu finden für das, was ich sagen will.

▶ Ich werde oft unfreundlich behandelt.

▶ Mein Partner hat sehr hohe Ansprüche an seine Leistungen.

▶ Ich werde oft um eine Gefälligkeit gebeten.

▶ An meiner Arbeitsstelle bleiben unangenehme Aufgaben meistens an mir hängen.

▶ Manchmal ärgere ich mich schon beim Verlassen eines Geschäfts, daß ich das Falsche gekauft habe.

▶ Als Kind tat ich gewöhnlich, was man mir sagte.

▶ Ich kann eine wunderbare sexuelle Beziehung mit jemandem haben, den ich im Grunde gar nicht besonders leiden mag.

▶ Ich falle immer mal wieder auf Vertreter herein und bestelle etwas an der Haustür.

▶ Auch wenn eine Liebesbeziehung schon seit längerem für mich unbefriedigend ist, glaube ich, daß sich durch Liebe und Geduld eine Lösung finden läßt.

▶ Ich traue mich nur sehr selten, eine gute Ausrede zu benutzen.

▶ Ich brauche manchmal stundenlang für eine Aufgabe, die im Grunde sehr viel schneller hinzukriegen wäre.

▶ Die meisten Männer, die mir auf den ersten Blick gefallen, sind leider furchtbar langweilig.

▶ Ich bin leider längst nicht so hilfsbereit, wie ich sein könnte.

▶ Ich bin schon einem Partner in eine fremde Stadt gefolgt (oder würde es sofort tun).

▶ Ich habe oft Schwierigkeiten, mich zu entscheiden.

▶ Meine Mutter konnte sich nie so recht gegen meinen Vater durchsetzen.

▶ Manchmal bekomme ich Geld, Bücher oder andere verliehene Dinge nicht zurück.

▶ Mein Gehalt ist, gemessen an meinen Leistungen, eher zu niedrig.

Tafel III

in rot ☐ 2

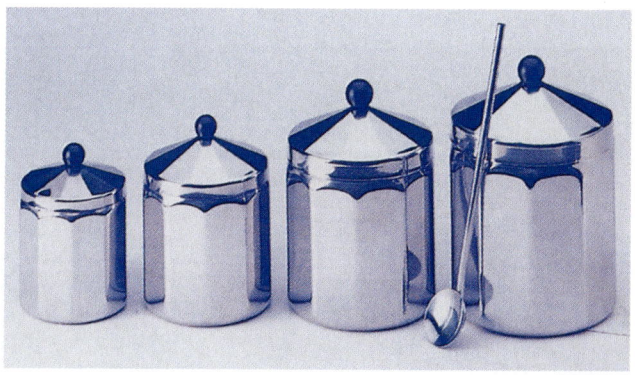

in blau ☐ 0

Tafel IV

3

0

Tafel I

Ich suche Dich
| FF |

1001 Nacht
| AA |

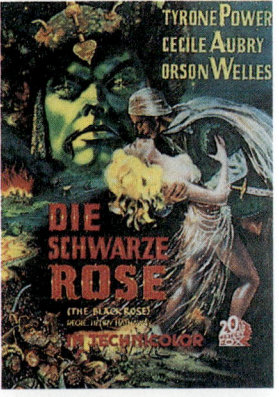

Rom: Station
Termini | CC |

Die schwarze
Rose | EE |

Romeo und
Julia | DD |

Die Magd von
Heiligenblut
| BB |

Tafel II

A ☐◇○

D ☐◇○

C ☐◇○

B ☐◇○

▶ Ich habe nur wenige Zeiten erlebt, in denen mein Leben in sicheren, ruhigen Bahnen verlief. ☐

▶ Mein Partner hat eine schwierige Kindheit gehabt. ☐

▶ Seltsamerweise stelle ich mich in der Gegenwart meines Partners oft viel dümmer an als ohne ihn. ☐

▶ Mir geht bei der Bewältigung meines Alltags oft der Satz im Kopf herum: »Einer muß es ja schließlich machen.« ☐

Kreuzen Sie nun bitte die Antwort an, die Ihrem typischen Verhalten am meisten entspricht.

▶ Eine Frau deckt den Tisch, ein Mann sitzt mit der Zeitung daneben, davor spielen Kinder im Sand.

Ist dies ein irgendwie vertrautes Bild aus Ihrem Familien-Urlaub?

ja	1
nein	0

▶ Ich kann Argumenten oft nichts entgegensetzen, obwohl ich das Gefühl habe, im Recht zu sein. ☐

▶ Ich reklamiere Waren nur, wenn sie sehr fehlerhaft sind. ☐

▶ Mein Partner hat mehr Freizeit als ich. ☐

▶ Glücklicherweise streite ich mich fast nie mit meinen FreundInnen. ☐

▶ Ich mache oft mehr Überstunden, als ich möchte. ☐

▶ Mein Partner findet in unserer Sexualität mehr Befriedigung als ich. ☐

▶ Ein Restaurant-Essen muß schon ziemlich ungenießbar sein, bevor ich es zurückgehen lasse. ☐

▶ Ich bin sehr empfindlich und habe Angst davor, kritisiert zu werden. ☐

▶ Meinem Partner fällt es nicht leicht, zärtlich zu sein oder mich zu trösten. ☐

▶ Mir wurde als Kind fast alles erlaubt. ☐

▶ Ich hüte oft Kinder oder
Haustiere von NachbarInnen,
FreundInnen und
Bekannten.   ☐

▶ Sie stoßen auf einem Wald-
spaziergang mitten im scheinbar
unberührten Wald auf dieses
Schild: Privatweg! Benutzung für
Unbefugte nicht gestattet! Was
wäre Ihre typische Reaktion?

   Ich kehre schulter-
   zuckend um. ☐ 2

  Ich gehe mit einem etwas
  seltsamen Gefühl weiter. ☐ 1

   Ich kümmere mich gar
   nicht darum. ☐ 0

▶ Eine lange Schlange vor
der Kasse eines Supermarktes.
Stellen Sie sich vor, Sie warten
in dieser Schlange, und jemand
drängt sich vor die vor Ihnen
stehende Person.

  Ich nehme es kopf-
schüttelnd zur Kenntnis. ☐ 2

Ich beginne, mich mit der
Dame hinter mir über
diese Rüpelhaftigkeit zu
empören. ☐ 1

Ich streite mich mit der
Person, bis sie sich
wieder hinten anstellt. ☐ 0

▶ Wenig später, als Sie endlich vor der Kasse stehen, bittet eine junge Frau, sie vorzulassen, da sie nur ein Paket Spinat kaufen wolle und sehr wenig Zeit habe.

Ich würde die Frau
durchlassen. ☐ 1
Ich würde sie nicht
durchlassen. ☐ 0

▶ Handeln Sie in ähnlichen Situationen auch manchmal wie die junge Frau mit dem Spinat?

ja ☐ 0
nein ☐ 1

▶ Eine Frau mit kunstvoll aufgeputztem Hut versperrt Ihnen im Kino die Sicht.

Ich versuche,
an ihr vorbeizuschauen. ☐ 2
Ich bitte die Dame höflich,
ihren Hut abzunehmen. ☐ 1
Ich verlange fordernd, daß sie ihren Hut sofort absetzt, und ziehe dabei die Aufmerksamkeit des halben Publikums auf mich. ☐ 0

▶ Sie und Ihr Partner sitzen lesend in einem Zimmer. Angenommen, Sie stehen in dieser Situation auf, um sich eine Tasse Kaffee zu machen.

Ich stehe auf und
komme mit meiner
Tasse Kaffee wieder. ☐ 0

Bevor ich hinausgehe, frage ich meinen Partner, ob er auch eine Tasse haben möchte. ☐ 1
Ich bringe ihm ganz selbstverständlich auch einen Kaffee mit. ☐ 2

▶ Ein Mann reicht einer am Schreibtisch sitzenden Frau einen Stapel Briefe. Er sagt: »Würden Sie bitte so lieb sein und diese Briefe auf dem Heimweg noch schnell bei der Post abgeben. Sie müssen heute noch raus.« Wie würden Sie Ihrem Kollegen antworten?

»Sicher, das geht in Ordnung.« ☐ 2

»Wenn es sein muß.« ☐ 1

»Wenn's so wichtig ist, dann können Sie die Briefe ja auch selbst wegbringen.« ☐ 0

Auswertung

Geben Sie sich für jede angekreuzte Aussage des ersten Teils
einen Punkt. Addieren Sie dann
Ihre Punkte aus den abgebildeten
Szenen dazu. Aus Ihrer Gesamt-
punktzahl ergibt sich Ihre Aus-
wertungskategorie.

A   0 – 7 Punkte
B   8 – 18 Punkte
C 19 – 29 Punkte
D 30 – 40 Punkte
E 41 – 48 Punkte

A

Sie sind kaum in Gefahr, ausgenutzt zu werden, eher, sich die
Sympathien Ihrer Umwelt zu ver-
spielen. Denn Sie scheinen sich
wenig davon beeindrucken zu
lassen, welche Bedürfnisse Ihre
Mitmenschen haben. Allein
dadurch, daß Sie nach dem Motto
»Jeder ist sich selbst der Nächste«
handeln, ist Ihr Verhalten nicht zu
erklären. Vielleicht tragen Sie eine
Menge unbewußter Angst und
Mißtrauen in sich und vermeiden
sorgfältig jede Situation, in der Sie
von anderen abhängig werden
oder sich den Wünschen anderer
ausgesetzt sehen. Häufig gehen Sie
anderen aus dem Weg, um nicht zu
tief von zwischenmenschlichen
Gefühlen berührt zu werden.
Schon Friedrich Schiller erkannte:
»Egoismus ist Einsamkeit.«

Andere reagieren auf Ihren Rückzug eher verärgert und empfinden
Ihr Verhalten als aggressiv. Sie
neigen dazu, offenen Auseinandersetzungen aus dem Weg zu gehen,
fürchten, ausgenutzt zu werden,
und schützen sich daher durch
allzu starke Abgrenzung. Deshalb
ist es wenig sinnvoll, wenn Sie
versuchen, bewußt hilfsbereit und
selbstlos zu handeln. Sie müssen
einen Weg finden, die Angst hinter
Ihrer Härte aufzuspüren. Dann
werden Sie vermutlich ganz von
selbst sehr viel offener für die
Wünsche Ihrer Mitmenschen.

B

Der Balanceakt zwischen Egoismus und selbstlosem Verhalten
scheint Ihnen gut zu gelingen.
Dazu können Sie sich nur gratulieren. Denn einerseits lebt die Leistungsgesellschaft von der Konkur-
renz, andererseits wird
Nächstenliebe gepredigt. Und
Frauen werden immer noch dazu
erzogen, sich durch Aufopferung
und Anpassung Liebe und Zuwendung zu »verdienen«.
Sie schaffen es recht gut, alle diese
Botschaften unter einen Hut zu
bringen, möchten keine kalte Ego-
istin sein, sich aber genausowenig
ausnutzen lassen. Mit Ihrem relativ starken Selbstbewußtsein können Sie sich auf Ihr Gespür, Ihre

Gefühle und Ihre Intuition verlassen. Vermutlich fällt es Ihnen eher manchmal schwer, das zu tun, worauf Sie gerade Lust haben. Zu egoistisch lustbetont haben Sie als Kind gelebt und dann die elterlichen Verbote zu spüren bekommen. Deshalb entstehen auch in Ihrem Erwachsenen-Ich schnell Schuldgefühle, wenn Sie nur nach der eigenen Nase gehen.

C

Ihre Hilfsbereitschaft ist sicher kein Fehler, Ihre Neigung, sich dabei selbst zu vergessen, dagegen schon. Sie sind zuverlässig zur Stelle, wenn Sie gebraucht werden. Im kleinen bescheiden Sie sich damit, Handreichungen zu machen, Anweisungen entgegenzunehmen und zu einem Gefallen bereit zu sein. Im großen laden Sie sich möglicherweise nicht nur Haushalt, Kinder und Beruf auf, Sie halten auch den Alltagskram in Ordnung, kümmern sich womöglich noch um Alte, Kranke und Hilfsbedürftige. Sie werden unentbehrlich, es ergibt sich ja immer etwas, das unbedingt erledigt werden muß … So brauchen Sie nur sehr selten eigene Entscheidungen zu fällen. Sie lassen sich also deshalb leicht ausnutzen, weil Sie dadurch unbewußt vermeiden können, selbständig zu handeln. Daß Sie sich relativ leicht beeinflussen lassen, weist in die gleiche Richtung. Selbständigkeit bedeutet Unabhängigkeit. Unabhängigkeit aber hat für Sie vermutlich den Beigeschmack von Alleinsein und Einsamkeit. Eine alte Angst aus der Kindheit setzt sich hier unbewußt durch: »Ich tue, was Mami sagt, denn wenn ich mache, was ich will, hat Mami mich nicht mehr lieb.« Gerade Frauen haben häufig nicht gelernt, selbständig Entscheidungen zu treffen. Die Vorstellung von Unabhängigkeit ist dann oft mit Angst besetzt. Der Weg zu mehr Selbstbewußtsein führt durch diese Ängste. Das bedeutet, »nein« zu sagen, wenn wir etwas wirklich nicht möchten; und »ja«, auch wenn wir vor dem eigenen Mut noch ein bißchen erschrecken.

D

Sind Sie nicht schon manchmal gefragt worden, wieso Sie sich eigentlich so viel bieten lassen? Gerade von den Personen, die in Ihrem Leben wichtig sind? Meist stillschweigend bringen Sie Opfer über Opfer, setzen Zeit und Energie für das Wohl der anderen ein, ohne entsprechend viel an Unterstützung zurückzubekommen. Vermutlich werden Sie leicht zum seelischen Mülleimer Ihres Freundeskreises und haben selbst selten jemanden, dem Sie Ihr Herz ausschütten können. Sie werden weniger aus bösem Willen ausgenutzt, sondern eher, weil Sie sich förmlich dafür anbieten. Unbewußt hoffen Sie, durch Ihre Geduld und Ihr selbstloses Handeln endlich die Zuwendung und Liebe zu bekommen, die Sie ersehnen. Doch meistens läuft es genau andersherum: Wer darauf bauen kann, daß Sie ständig nachgeben, braucht sich nicht um Ihre Wünsche zu kümmern. Und: Sie fühlen sich eher zu Partnern hingezogen, deren Liebe Sie erst durch große Mühe gewinnen müssen, also zu Menschen, die eher unzugänglich und egoistisch sind. Wenn Sie sich bewußt machen, daß Sie darauf »programmiert« sind, sich ausnutzen zu lassen, können Sie allmählich etwas dagegen tun.

E
Ja, Sie lassen sich sehr leicht ausnutzen. Vermutlich hören Sie das nicht gern. Denn Sie haben das Gefühl, es längst zu wissen und trotzdem nichts dagegen tun zu können. »Dummheit« oder ein »zu gutes Herz« erklären Ihre Schutzlosigkeit natürlich nicht! Eher schon Ihr Mangel an Selbstvertrauen. Bewußt – oder zumindest unbewußt – haben Sie keine allzu gute Meinung von sich. Sie nehmen sich selbst einfach nicht wichtig genug. Sie laden sich auf, was andere nicht tun wollen, und unterdrücken dabei Ihre eigenen Bedürfnisse. Aber aus dieser Märtyrerrolle ziehen Sie auch Vorteile! Sie können zu Recht klagen: »Was ich schon alles für dich getan habe!« und dadurch sozusagen »einklagen«, was Sie nicht offen zu fordern wagen.

In der Helferrolle können Sie Ihre eigenen Probleme wegschieben und sich für andere unentbehrlich machen. Wenn's Ihnen wirklich zuviel wird, sagen Sie »nein«, indem Sie vor Erschöpfung die Flügel hängen lassen oder gar krank werden. Trotz aller Nachteile scheinen Sie sich lieber ausnutzen zu lassen, als direkt Ihre Wünsche zu äußern. Aber Durchsetzungsvermögen läßt sich trainieren. Anhand von Büchern, in Gruppen oder einfach mit dem Mut, ab und zu ins kalte Wasser der eigenen Gefühle zu springen.

Können Sie richtig streiten?

Wir streiten über alles. Grund dafür kann eine verschwundene Zahnpastatube sein, aber auch eine handfeste Beleidigung. Durch Streit stellen wir unser seelisches Gleichgewicht wieder her.
Wir lassen uns nicht alles gefallen, sondern hauen auf den Tisch. Wenn zwei Menschen Dampf ablassen, gleichzeitig aber den Ärger des anderen verstehen, dann finden sie auch wieder zueinander.
Leider haben die wenigsten von uns gelernt zu streiten. Das kann zu zwei Extremen führen: Vor lauter Angst vor lautstarken Auseinandersetzungen legen wir uns nie mit jemandem an – oder wir streiten ständig. Fast alle zerschlagen wir im Streit mehr Porzellan, als nötig wäre.
Ein richtiger Streit klärt, ohne daß neue Kränkungen zwischen den Streitenden entstehen. Sicherlich haben Sie selbst schon manche Regeln entdeckt, die Ihre Auseinandersetzungen erfolgreicher machen. Vermutlich können Sie trotzdem noch dazulernen.
Denn richtig streiten ist lernbar.

Teil I
Kreuzen Sie bitte jeweils an, ob die Aussage auf Sie zutrifft oder nicht.

▶ Die meisten Streitigkeiten lassen sich auf gütliche Art aus der Welt schaffen.

stimmt	0
stimmt nicht	1

In meinem Freundeskreis gelte ich als ziemlich streitbar.

stimmt	2
stimmt nicht	0

▶ Zwischen meinen Eltern gab es sehr selten lautstarke Auseinandersetzungen.

stimmt	0
stimmt nicht	1

▶ Vor Kindern und Bekannten sollte man möglichst nicht streiten.

stimmt	0
stimmt nicht	2

▶ Ich trage Ärger oft eine ganze Zeit mit mir herum.

stimmt	0
stimmt nicht	1

▶ Ich vergesse öfter einmal, Dinge zu erledigen, die ich versprochen habe.

stimmt	1
stimmt nicht	0

▶ Ich genieße es manchmal – auch beim Sex – richtig aggressiv und wild zu sein.

stimmt	1
stimmt nicht	0

▶ In meiner Partnerschaft fliegen sehr oft die Fetzen.

stimmt	2
stimmt nicht	0

▶ Ich leide öfter unter Verspannungen, Magen- oder Kopfschmerzen.

stimmt	0
stimmt nicht	1

▶ Ich habe mich schon öfter mit Vorgesetzten oder LehrerInnen anlegen müssen.

stimmt	1
stimmt nicht	0

▶ Mit meiner besten Freundin bin ich ein Herz und eine Seele.

stimmt	0
stimmt nicht	1

▶ Obwohl er abgedroschen ist, stimmt der Spruch »Der Klügere gibt nach«.

stimmt	0
stimmt nicht	1

▶ Ich verstehe mich gut mit allen meinen Arbeitskolleginnen.

stimmt	0
stimmt nicht	1

▶ Es ist mir unverständlich, warum manche Menschen dauernd in Streitigkeiten verwickelt werden, auch mit fremden Menschen.

stimmt	0
stimmt nicht	1

▶ Im Prinzip komme ich mit fast allen Menschen gut aus.

stimmt		0
stimmt nicht		1

Zählen Sie die von Ihnen angekreuzten Punkte zusammen.
Sie bekommen:

bis 8 Punkte		W
9 und mehr Punkte		X

Richtig streiten

◆ Sprechen Sie in einem Streit immer von sich und von Ihren Gefühlen, immer in der »Ich«-Form.

◆ Streiten Sie um die gerade akute Situation und nicht um den Schnee von gestern.

◆ Achten Sie auf Warnsignale: »Du mußt aufhören, mich zu …«, »Treib es nicht zu weit!« »Es macht mich wahnsinnig, wenn du …« Und stellen Sie sich dem Konflikt.

◆ Finden Sie den richtigen Zeitpunkt, an dem Ihr Gegenüber aufnahmebereit und eine Veränderung möglich ist.

◆ Ein Streit ist weniger ein Boxkampf als ein Tanz. Streiten Sie miteinander. Geben Sie dem Partner/der Partnerin Rückmeldung darüber, was Sie sie/ihn haben sagen hören und wie Sie das Gesagte für sich verstehen.

◆ Üben Sie das Streitgespräch vorher im inneren Dialog, und machen Sie sich dabei Ihre Gefühle und Argumente klar.

◆ Streiten Sie ruhig vor Dritten, besonders wenn Sie zu zweit stets in die gleiche Sackgasse geraten.

◆ In der Partnerschaft: Verabreden Sie einen Streit. Wörtlich. Setzen Sie Ort, Zeit und Thema fest. Verabreden Sie, gegenseitig »Foul« zu schreien, wenn Sie sich unfair angegriffen fühlen.

Teil II

Entscheiden Sie jeweils, wie oft A und B in den folgenden Situationen unfair streiten. Tragen Sie dann unter A und B ein, wie viele unfaire Bemerkungen Ihrer Meinung nach in den Streitereien gefallen sind. Lesen Sie die Erklärungen bitte nicht, ehe Sie sich selbst entschieden haben.

Im Büro

A: »Wir hatten diese Arbeit gemeinsam abgesprochen, und jetzt haben Sie sie doch wieder anders gemacht.«

B: »Aber Sie müssen doch zugeben, daß sie jetzt viel besser gelöst ist …«

A: »Darum geht es gar nicht! Wozu sprechen wir denn Dinge ab …?«

B: »Beweglichkeit war noch nie Ihre Stärke, oder …«

A: »Auf jeden Fall breche ich nicht eigenmächtig irgendwelche Absprachen ...«

B: »Na, wie großartig und edel!«

A ☐
B ☐

Erklärung: Natürlich hatte die Person B durch ihren stillschweigenden Wortbruch schon indirekt unfair gehandelt. Im Streit spricht B der Person A dann die Beweglichkeit ab: ein »Etikett«, mit dem sie A angreift und den Streit damit unfruchtbar macht. Außerdem wird B zum Ende des Gesprächs immer ironischer – ein »Foul«, das dem anderen zeigt, daß er nicht für voll genommen wird. A = 0, B = 2

In der Wohnung

B hat die Angewohnheit, seine Klamotten überall in der Wohnung zu verteilen, wenn er sich nach der Arbeit umzieht ...

A: »Kannst du dir nicht endlich abgewöhnen, deine Sachen überall hinzuwerfen. Mich nervt das!«

B: »Mein Gott, sei doch nicht ewig so pedantisch!«

A: »Pedantisch? Ich bin pedantisch, wenn du deine dreckigen Schuhe unter den Fernseher knallst?«

B: »Mensch, ich bin müde. Ich arbeite den ganzen verdammten Tag!«

A: »Ach, und ich wohl nicht? Was meinst du, wie es hier aussähe ...?«

B: »... geht das wieder los! Willst du alles aufrechnen? Du hast doch immer Angst, daß du einen Finger zuviel rührst!«

A ☐
B ☐

Erklärung: B begeht ein übles »Revanchefoul«. Statt zu hören, was A bedrückt (nämlich die Unordnung), beschimpft er sie (als Pedantin). B fühlt sich unverstanden, erklärt, daß er müde sei. Das faßt A als Angriff auf und greift nun ihrerseits an. B kontert, indem er in die Psychokiste greift und As Verhalten interpretiert – von oben herab. Richtig ist also: B = 2, A = 1

Im Büro:

A: »Wir waren für zehn Uhr und nicht für 10.30 Uhr verabredet, Herr Kollege!«

B: »Ich weiß, es tut mir leid. Aber ich hatte noch einen sehr dringenden Anruf ...«

A: »Natürlich. Jedesmal ist es etwas anderes.«

B: »So was könnte Ihnen natürlich nie passieren ...«

A: »Genau!«

B: »Und wo bleibt die Aufstellung der Lieferlisten, die Sie mir vor drei Wochen versprochen haben ...?«

A: »Aber ich bitte Sie! Das hat doch gar nichts miteinander zu tun ...«

A ☐
B ☐

Erklärung: A droht mit erhobenem Zeigefinger, statt seinen Ärger zu zeigen. Dann setzt er noch eine Verallgemeinerung obendrauf. Immer ein wirkungsvolles Foul, um einen Streit ausufern zu lassen. B schießt genauso zurück, in Ironie verpackt. Und dann holt er noch zu einem Schlag aus dem »Museum unerledigten Ärgers« aus.
Richtig ist also: B = 2, A = 2

Beim Essen
A: »Kannst du bitte aufhören, so zu schmatzen?«
B: »Schmatze ich so laut? – Na ja, mir schmeckt es eben!«
A: »Aber ich finde es widerlich!«
B: »Nun mach aber wirklich mal 'nen Punkt!«
A: »Du hast eben einfach kein Benehmen.«
B: »Mein Gott, die Tochter aus gutem Haus spricht wieder zu mir. Mama schimpft wohl!«
A: »Laß meine Mutter aus dem Spiel! Ich rege mich ja auch nicht darüber auf, was für eine Schlampe deine ist …«
B: »Das wäre ja wohl auch noch schöner!«

A ⬚
B ⬚

Erklärung: Was immer die Vorgeschichte ist (Bs Schmatzen kann durchaus eine versteckte Aggression gegen A sein): Die Person A »foult« zuerst, indem sie B jedes Benehmen abspricht. B revanchiert sich und steckt A in die Abteilung »Tochter aus gutem Haus«, damit ist sie keine Person mehr, sondern eine Rolle. A schlägt zurück: Haust du meine Mama, haue ich deine! Damit kann ein fruchtloser Rundlaufstreit beginnen.
Richtig ist also: A = 2, B = 1

Zu Hause:
A: »In letzter Zeit sprechen wir nie mehr vernünftig miteinander. Mir jedenfalls fehlt das sehr!«
B: »Worüber möchtest du denn mit mir reden?«
A: »Ich möchte einfach wieder mehr von dir erfahren.«
B: »Okay – was willst du wissen?«
A: »Jetzt fängst du schon wieder an!«
B: »Ich? – Spinnst du? Wer macht denn hier gerade wen an?«

A ⬚
B ⬚

Erklärung: A macht ein Angebot, ganz allgemein mal über die gemeinsame Kommunikation zu sprechen. B begeht das leichte »Foul«, nur auf die Situation zu reagieren, was A deutlich ausspricht. Daraufhin fühlt sich B angegriffen.
Richtig ist also: A = 0, B = 1

Vor dem ausverkauften Kino
A: »Mist! Wegen deiner Trödelei haben wir den Film verpaßt.«
B: »Du hast genau eine Minute gewartet …«

A: »Wenn das eine Minute war, freß ich 'nen Besen!«
B: »Ich wollte den Film doch auch sehen!«
A: »Das hättest du dir eher überlegen müssen.«   A ⬚
                                                      B ⬚

Erklärung: A gibt gleich mit seiner ersten Bemerkung die Verantwortung für gemeinsames Tun ab. »Foul!« Dann erklärt er B indirekt für etwas blöde und bleibt einfach bei seiner Anschuldigung, ohne auf B zu hören.
Richtig ist also: A = 3, B = 0

Nach der Party
A: »Ich bin stinkwütend. Den ganzen Abend hatte ich das Gefühl, Luft für dich zu sein!«
B: »Ich dachte, du amüsierst dich. Das habe ich auch getan …«
A: »Ach, und das mußten unbedingt diese beiden Playboys sein?!«
B: »Ja – und wenn ich verdammt noch mal flirten möchte, dann tue ich es auch!«
 A: »Und ich bin derweil der Depp, der mit ansieht, wie seine Freundin Männer aufreißt.
Nichts für mich!«   A ⬚
                       B ⬚

Erklärung: Beide beharren fest auf ihren Positionen. Eifersucht ist im Spiel, das bringt die Gefühle hoch. Doch trotzdem kämpfen sie fair! Jede/r bleibt beim Thema und spricht (so ziemlich) von sich.
Richtig ist also: B = 0, A = 0

Zu Hause
B nimmt A, der gerade ein Buch liest, in den Arm.
A: »Ach, laß mich bitte, ich möchte lesen.«
B: »Entschuldigung – ich wollte dich wirklich nicht stören.«
A: »Ich möchte nur noch das Kapitel zu Ende lesen!«
B: »Ja, ich weiß. Du bist ja sowieso nicht gerade begeistert von meinen Zärtlichkeiten.«
A: »Das stimmt überhaupt nicht!«
B: »Doch – als ob ich dir etwas tun wollte! Typisch für euch Männer: Wehe, wenn die Initiative mal nicht von euch ausgeht!«
A: »Jetzt komm mir bloß nicht so und laß mich das verdammte Buch weiterlesen.«
B: »Lies, bis du schwarz wirst!«
                       A ⬚
                       B ⬚

Erklärung: Sowohl die Zurückweisung als auch Bs Störung können von vornherein einen aggressiven Unterton gehabt haben. Doch B »foult« zuerst, weil sie ironisch auf seinen Wunsch reagiert. Dann kommen hintereinander zwei Tiefschläge: Erst »erklärt« sie ihm, was er für eine Gefühlswelt hat, dann steckt sie ihn in eine Schublade. Hätte sie gleich ihre verletzten Gefühle geäußert, hätte die Auseinandersetzung nicht so bitter enden müssen.
Richtig ist also: A = 0, B = 3

In der Firma

A: »Entschuldigung, aber ich muß Sie leider stören. Der Bericht muß heute noch raus, und wir müssen noch einige Details durchsprechen.«

B: »Sie sehen doch – ich weiß kaum, wo mir der Kopf steht. Kommen Sie nach 14 Uhr damit.«

A: »Dann bin ich nicht mehr im Haus. Es muß jetzt sein.«

B: »Mir egal – dann müssen Sie eben hierbleiben, und jetzt lassen Sie mich bitte hier weitermachen.«

A: »Das ist unmöglich!«

B: »Nichts ist unmöglich! – Und jetzt lassen Sie mich weitermachen.«

A [＿＿＿]
B [＿＿＿]

Erklärung: A versucht B in jedem Satz unter Druck zu setzen. B blockt daraufhin nur noch ab (»mir egal«). Der Streit ist damit nicht beendet, das Problem nicht gelöst.
Richtig ist also: A = 3, B = 1

Im Büro

A: »Könnten Sie das vielleicht ausnahmsweise für mich übernehmen?«

B: »Unmöglich! Ich habe selbst noch soviel um die Ohren!«

A: »Aber es ist doch nur dieses eine Mal. Ich sitze noch an der letzten Monatsabrechnung …«

B: »Wirklich nicht; ich möchte einfach pünktlich nach Hause.«

A: »Also doch! Man hatte mich ja schon gewarnt, daß Sie nicht sonderlich hilfsbereit seien!«

B: »Wer behauptet das von mir? Das ist wirklich unverschämt. Sie wissen so gut wie ich, daß das nicht wahr ist.«

A: »Nun, Sie haben es ja gerade wieder bewiesen …«

A [＿＿＿]
B [＿＿＿]

Erklärung: A begeht das beliebte »Foul«, ungenannte Dritte einzuführen. Und bleibt dabei, ohne auf B, die hart, aber nicht unfair argumentiert, zu reagieren.
Richtig ist also: A = 2, B = 0

Auswertung

Zählen Sie jetzt die »Fouls« zusammen, die Sie richtig erkannt haben.

Wenn Sie mehr als 15 richtig erkannt haben ⬚ Y

Wenn Sie 15 und weniger richtig erkannt haben ⬚ Z

Kombinieren Sie jetzt diesen Buchstaben mit Ihrem Ergebnis von Teil 1. Die Kombination der beiden Buchstaben sagt Ihnen, wie gut und wie fair Sie streiten können.

X/Z

Sie lassen Ihrer Wut und Ihrem Ärger ziemlich freien Lauf, richten Ihre Aggressionen dahin, wo sie hingehören, und wenden sie nicht gegen sich selbst oder gegen Unbeteiligte. Das ist eigentlich gut so. Aber erliegen Sie nicht allzu leicht Ihrem Zorn? Teilen Sie öfter mal aus, ohne zu sehen, welche Wirkung Ihre »Schläge« zeigen? Eine ausgezeichnete Methode, um sich unbeliebt zu machen, aber unfruchtbar für eine sinnvolle Auseinandersetzung.

Spielen Sie Ihr Streitverhalten in Gedanken einmal durch, und überlegen Sie, ob Sie dabei fair bleiben oder Rundumschläge verteilen. Lassen Sie Ihre Streitigkeiten einmal von Dritten beobachten und sich auf »Fouls« aufmerksam machen. Vielleicht hilft es auch, mit einer Schimpfkanonade auf eine nur in der Phantasie anwesende Person Dampf abzulassen. Dann bleiben Sie in Konfliktsituationen vielleicht etwas mehr auf dem Boden.

X/Y

Sie gehören zu den Menschen, die Aggressionen nicht fürchten, Konflikte nicht vermeiden. Da Sie wissen und verstehen, was einen fairen Streit von einer blinden Beschimpfung unterscheidet, dürften Sie recht wenig Probleme mit Streit und Aggressionen haben. Aber wer »laut wird« und sich zur Wehr setzt, zieht sich leicht die Empörung und den Unmut seiner aggressionsgehemmten ZeitgenossInnen zu. Es ist schwer, davor nicht zu kapitulieren. Aber es lohnt sich! Unterdrückte Aggressionen sind Ursache für viele Probleme, Krankheiten und Beschwerden.

W/Y

Sie wissen zwar, wie man streitet, aber den eigenen Gefühlen weichen Sie eher aus. Sie ziehen es vor, sanft und gütlich mit Konflikten umzugehen, wobei Sie Ihre verständnisvollen und ausgleichenden Eigenschaften stark überstrapazieren. Aggression ist für Sie eigentlich ein Makel, der unterdrückt werden muß. Entdecken Sie Ihre eigenen Aggressionen, und lernen Sie, diese auszudrücken – und das am besten lautstark. Lernen Sie wieder zu toben. Nicht nur einmal kurz mit der Faust auf den Tisch, sondern wild und kräftig auf ein Kissen, mit einem Tennisschläger. Manchmal hilft's auch, dreimal um den Häuserblock zu rennen und so laut zu schreien, daß sich die NachbarInnen wundern. Das mag Ihnen primitiv erscheinen und vielleicht sogar peinlich sein – aber Sie werden so nicht nur streitfähig, Sie werden auch das lustvolle Element der Aggression wiederentdecken.

Und das wird möglicherweise nicht nur Ihr Alltagsleben, sondern mit einiger Wahrscheinlichkeit auch Ihr Nachtleben verändern.

W/Z

Sie vermeiden Aggressionen generell und Streit ganz besonders. Da Sie ungeübt im Streiten sind, entgehen Ihnen die meisten Fouls einer Auseinandersetzung. Sowohl eine übertrieben verständnisvolle Erziehung als auch eine, die Aggressivität unterdrückt, kann dazu führen, daß man Aggression als bedrohlich erfährt und diesen ganzen Teil der Persönlichkeit lahmlegt. Die Folgen sind auf jeden Fall sehr ungesund. Aggression und Streit sind genauso natürlich wie Liebe und Zärtlichkeit. Diesen Bereich unserer Gefühls- und Verhaltenswelt wieder zu öffnen, kann manchmal schmerzhaft sein, aber es verspricht ein befriedigenderes Leben.

Liebe

Was verstehen Sie unter Liebe?

*Im Laufe unseres Lebens haben wir ein inneres
Bild, eine Einstellung zur Liebe entwickelt.
Wir sind womöglich hoffnungslos romantisch oder
genauso hoffnungslos realistisch. In unseren
Liebesbeziehungen versuchen wir unbewußt, dieses
innere Bild von der Liebe zu verwirklichen.
Bevor Sie zum Bleistift greifen, um mehr über Ihren
Liebesstil und seine Hintergründe zu erfahren –
überlegen Sie doch einmal: Was suchen Sie in einer
Liebesbeziehung? Was erleben Sie, wenn Sie lieben
oder sich geliebt fühlen? Woran erkennen Sie, daß
eine Liebe für Sie erloschen ist? Unterschiedliche
Vorstellungen von Liebe können eine Partnerschaft
auch dann belasten, wenn die beiderseitigen
Gefühle noch sehr lebendig sind. Wer nur im
ständigen Drama die wahre Liebe erblickt, gerät
natürlich mit einem Partner in Konflikt, für den
Liebe vor allem Harmonie bedeutet. Für eine
funktionierende Partnerschaft ist es ganz
wesentlich, nicht nur die Gefühle zu teilen,
sondern sich auch über ihre innere Bewertung
zu verständigen.*

Kreuzen Sie bitte an, mit welchem der abgebildeten Paare auf den Filmplakaten (Tafel 1) Sie sich, was Ihre Beziehung betrifft, am ehesten identifizieren können. (Falls Sie einen der Filme kennen, vergessen Sie den Inhalt, und entscheiden Sie ganz aus dem Gefühl heraus, das die Bilder in Ihnen auslösen.)

Ich suche Dich   FF
Rom: Station Terminal   CC
Romeo und Julia   DD
1001 Nacht   AA
Die schwarze Rose   EE
Die Magd von Heiligenblut   BB

Welche der folgenden knappen Beschreibungen kommt der Geschichte Ihrer Liebesbeziehung am nächsten?

▶ Ich sah ihn und wußte: Er ist es. Vom ersten Augenblick an gab es diese fast magische, erotische Anziehung zwischen uns. Oft schaue ich ihn nur an und liebe ihn. Ich möchte immer bei ihm sein, tun, was er tut, alles mit ihm teilen.   DDD

▶ Ich kannte und schätzte ihn lange, doch erst allmählich wurde daraus Liebe. Uns verbinden viele Interessen und Ansichten, auch, wenn wir nicht zusammen sind. Selbst eine Trennung, so unwahrscheinlich sie mir erscheint, könnte unsere Nähe nicht stören. Sicher werden wir immer Freunde sein.   BBB

▶ Ohne ihn kann ich nicht leben. In seiner Nähe blühe ich auf, allein bin ich leer und verzweifelt. Er kann mir gar nicht oft genug sagen, wie sehr er mich liebt. Ich wage gar nicht, daran zu denken, ihn zu verlieren. Wenn ich ehrlich bin, würde das meinem Leben den Sinn rauben.   EEE

▶ Ich weiß, daß er mich braucht. Und ich bin gern für ihn da. Wenn ich sehe, daß es ihm gutgeht, weiß ich, daß ich auf dem richtigen Weg bin. Denn gerade in einer Liebesbeziehung bekommt man nur das wieder, was man gibt. Manchmal ist es schwer, aber im Grunde bin ich bereit, für unsere Liebe auf sehr viel zu verzichten.   CCC

▶ Ich wußte, was ich wollte, und als er mir begegnete, war mir klar, daß ich an seiner Seite meine Pläne verwirklichen könnte. Unsere Liebe ist Partnerschaft. Wir verlassen uns aufeinander und haben so viel Verständnis, daß sich alle Probleme mit etwas Vernunft und Absprache regeln lassen.   FFF

▶ Ich fand ihn gleich spannend, aufregend. Ich mag keine Langeweile und keinen Beziehungsclinch. Ich brauche Raum und will Spaß. Gerade mit ihm, aber nicht nur mit ihm. Wenn es nicht mehr geht, dann suche ich mir jemand anderen, der meine Wünsche erfüllt. Er weiß das, und diese Freiheit tut uns gut.   AAA

Eifersucht

▶ Wenn er in meinem Beisein mit einer anderen flirtet, …

… raste ich aus. `EE`

… freue ich mich irgendwie auch, einen so tollen, attraktiven Mann zu haben. `AA`

… freue ich mich mit ihm, wenn er auf seine Kosten kommt. `CC`

… stört es mich zwar, doch aus Erfahrung weiß ich, daß es viel Spaß macht. `FF`

… werde ich vor allem dann sauer, wenn es zwischen uns gerade nicht so toll läuft. `DD`

… spreche ich das später beiläufig an – ich möchte schon wissen, was ihm an der anderen gefällt. `BB`

Sexualität

▶ … ist toll, wenn alles andere auch toll ist. `BB`

… ist mir sehr wichtig, und ich bin todunglücklich, wenn es sexuell nicht richtig klappt zwischen uns. `EE`

… muß stimmen – wenn nicht, ist unsere Beziehung bald zu Ende. `DD`

… ist o.k., aber ich bin nicht so anspruchsvoll wie mein Partner. `CC`

… läßt ohnehin im Laufe jeder Beziehung nach, aber man muß versuchen, sie auch weiterhin einigermaßen befriedigend zu gestalten. `FF`

… muß mich befriedigen, sonst hole ich sie mir bei jemand anderem. `AA`

Fremdgehen

▶ Wenn ich spüren würde, daß er mich nicht mehr liebt, dann ginge ich vielleicht fremd. `EE`

▶ Ich würde nur eine Affäre haben, wenn es zwischen uns sexuell so schlecht liefe, daß es mich stark belastet. `FF`

▶ Ich bin anfällig und gestatte es mir, halte es aber lieber geheim. `AA`

▶ Ich kann es mir nur vorstellen, wenn ich meinem Traummann begegnen würde. Vielleicht wäre unsere Beziehung aber dann sowieso zu Ende. `DD`

▶ Es kann durchaus vorkommen, aber es würde nichts für unsere Beziehung bedeuten. `BB`

Kreuzen Sie von den folgenden Aussagen alle die an, denen Sie zustimmen.

▶ Ich habe immer eine ziemlich genaue Vorstellung vom Aussehen meines Liebespartners gehabt und mich auch daran gehalten. `D`

▶ Ich habe vor meinem Partner noch eine Menge Geheimnisse. `A`

▶ Ich verzeihe meinem Partner letztlich jede Dummheit.   C

▶ Wenn ich mich richtig verliebe, möchte ich möglichst sofort mit ihm schlafen.   D

▶ Ich habe mich schon mal total neu in einen verflossenen Partner verliebt.   E

▶ Bevor ich mich wirklich auf einen Partner einlasse, überlege ich mir, ob er auch ein guter Vater wäre.   F

▶ Wenn ich richtig verliebt bin, kann ich kaum schlafen.   E

▶ Selbst wenn ich mich von meinem Partner trennen würde, würde ich darauf achten, daß es ihn nicht zu sehr verletzt.   C

▶ Mit fast allen Männern, mit denen ich einmal eine Beziehung hatte, bin ich noch wirklich gut befreundet.   B

▶ Ich mußte schon mal richtig wirbeln, damit meine zwei Liebespartner nichts voneinander mitbekamen.   A

▶ Ich könnte niemanden richtig lieben, mit dem ich nicht mein Leben verbringen möchte.   F

▶ Es tut der Liebe nur gut, wenn sich mein Partner meiner nicht völlig sicher ist.   A

▶ Liebe bedeutet für mich im Grunde auch immer, zusammen zu leben, ein Heim und Kinder haben zu wollen.   B

▶ Ich würde mit niemandem eine Liebesbeziehung eingehen, der meinem beruflichen Erfolg und meinen Plänen für die Zukunft im Wege stehen könnte.   F

▶ Eine gute Liebesbeziehung erkennt man daran, daß sie lange hält.   B

▶ Wenn eine Liebe zerbricht, bin ich völlig fertig und denke sogar an Selbstmord.   E

▶ Lieben bedeutet für mich auch, meinen Partner freizugeben, wenn er so glücklicher wird.   C

▶ Ich genieße es, die gleichen Sachen wie mein Partner zu tragen.   D

▶ Wenn Sie Ihre Liebesbeziehung mit einem Bauwerk vergleichen, welches Bauwerk wählen Sie? Entscheiden Sie spontan.

einen Tempel	C
eine Burg	E
ein Schlößchen	D
eine Brücke	F
einen Gutshof	B
einen Palast	A

Auswertung

Zählen Sie jetzt zusammen, wie viele A, B, C, D, E und F Sie angekreuzt haben. (Bei manchen Fragen können es zwei oder drei Buchstaben sein!) Ihr meistgenannter Buchstabe verrät Ihren Liebesstil. Wenn Sie Buchstaben gleich häufig gewählt haben, treffen mehrere Kategorien auf Sie zu. Niemand ist einseitig auf nur einen »Liebesstil« festgelegt, aber meist dominieren einer oder zwei.

A = Lustbetonte Liebe
Je aufregender, desto befriedigender ist die Liebe für Sie. Tatsächlich hat Ihre Art zu lieben etwas Spielerisches an sich: Die größte Aufregung ist die Eroberung des Partners. Das Erobern ist Ihnen oft wichtiger als die anschließende Beziehung – wobei Sie dazu neigen, auch einen festen Partner immer wieder neu zu erobern und zu verführen. Das setzt natürlich voraus, daß eine gewisse Distanz zwischen Ihnen beiden besteht. Ihr Partner erfährt längst nicht alles, was in Ihnen vorgeht, und Sie legen umgekehrt auch keinen großen Wert darauf, sein Innenleben ganz genau auszuleuchten. Zu Ihren Geheimnissen zählen möglicherweise auch ein paar Affären. Sexualität ist dabei zwar wichtig, steht aber nicht im Vordergrund. Vielmehr finden Sie beim Seiten-

sprung genau die prickelnden Liebesgefühle, die Sie suchen. Er ermöglicht Ihnen, Ihre Partnerschaften unverbindlicher zu halten. Sie binden Ihre Partner eher dadurch, daß Sie Unsicherheit in ihnen erzeugen. Gefühle von Nähe wehren Sie ab. Vielleicht haben Sie früher schmerzhafte Enttäuschungen durchleben müssen und irgendwann unbewußt den Entschluß gefaßt, Ihr Herz nie wieder offen und ungeschützt auszubreiten. Indem Sie sich Ihrem Partner immer wieder entziehen, können Sie unbewußt auch etwas von Ihrer Wut über die alte Enttäuschung ausleben.

B = Freundschaftliche Liebe
Ihre Art von Liebe gleicht einem breiten Fluß, dem Sie sich anvertrauen und von dem Sie wissen, daß er Sie ans Ziel bringen wird. Sie setzen auf die bindenden Kräfte gemeinsamer Interessen und Ziele und auf eine Partnerschaftlichkeit, in der beide genug Raum für Eigenständigkeit haben. Möglicherweise haben Sie das dafür nötige Vertrauen aus den guten und sicheren Erfahrungen, die Sie in Ihrem Elternhaus gemacht haben. So können Sie auch Zeiten von Trennung gut überwinden. Wenn Sie zum Telefonhörer stürzen, dann eher, weil Sie Ihrem

Partner viel mitzuteilen haben, als aus dem Bedürfnis heraus, endlich wieder seine Stimme zu hören. Ihre Liebe beruht auf Verständnis und gegenseitiger Unterstützung. So ist es gut möglich, daß Sie mit vielen Ihrer Ex-Männer noch immer »gut Freund« sind.

In Ihrem Liebesverständnis steht die Erotik nicht im Mittelpunkt, aber sie spielt eine wichtige Rolle. Übrigens: Für die Harmonie der Seele kann es durchaus vernünftig sein, manchmal auch der unvernünftigen Leidenschaft zu folgen und nicht jeden Liebesstrudel freundschaftlich zu umschiffen.

C = Gewährende Liebe

Geben ist allemal besser als nehmen, so lautet der Kernsatz Ihres Liebesstils. Ein wenig davon ist für jede Liebesbeziehung wichtig und wertvoll. Aber wenn die Bereitschaft überhandnimmt, die eigenen Bedürfnisse zugunsten des Partners zurückzustecken, entsteht eine sehr einseitige Liebesbeziehung. Sie erinnert dann eher an eine Mutter-Kind-Beziehung als an eine lebendige Partnerschaft.

Als der sich aufopfernde Teil kann aus Ihnen statt einer liebenden Frau sehr schnell eine »Frau, die zu sehr liebt«, werden. Ihre Schwierigkeiten, sich abzugrenzen und durchzusetzen, verbergen Sie dann hinter der Maske der wohlwollenden und liebevollen Partnerin. Die gewährende Liebe ist in so einem Fall kein Zeichen eines guten Herzens mehr, sondern Ausdruck der Unterordnung und der Angst, nicht allein leben zu können. Hinter all Ihrer Güte können Sie unbewußt Ihre negativen Gefühle verstecken.

D = Romantische Liebe

Sie lassen nichts unversucht, den Himmel auf die Erde zu bringen. So wie es im allerersten, dem romantischsten aller Augenblicke war, so soll es immer sein, so soll es bleiben. Der Wunsch, ganz im anderen aufzugehen, eins mit ihm zu sein, bestimmt Ihre Liebesbeziehung.

Die Erotik ist das zentrale Thema Ihrer Liebe, und so wird jede räumliche Trennung zu einem unerträglichen und fast schmerzhaften Erlebnis. Fast jeder kennt diesen Zustand der Verliebtheit zu Beginn einer Liebe, aber Sie streben danach, diesen Gipfel nie zu verlassen. Konflikte werden möglichst vermieden – aus Angst vor Trennung. Eine wirklich befriedigende Beziehung ist aber nur möglich, wenn Sie bereit sind, auch mal eine Weile einer dunklen Gewitterwolke standzuhalten. Phasen der Unzufriedenheit und Gefühle gegenseitiger Abneigung sind normal und bedeuten nicht das Ende der Liebe, auch wenn es sich für Sie so anfühlen mag.

E = Verzehrende Liebe

Ihre Liebe gleicht einem Wildbach, der den Partner mitreißt, ihn fast verschlingen möchte. In der Nähe des geliebten Partners wird das

Leben zu einem Fest, ohne ihn versinken Sie allzu leicht in deprimierenden Gefühlen. Die Angst, ihn zu verlieren, sitzt Ihnen dauernd im Nacken. Unbewußt versuchen Sie ständig, sich seiner Liebe und Zuneigung zu versichern. Die Frage »Liebst du mich?« liegt Ihnen mehr oder weniger bewußt immer auf der Zunge. Sie haben die Tendenz, alles, was er tut, auf sich zu beziehen. Kein Kuß zum Abschied? – Habe ich ihn verärgert? – Hat er eine andere? Eifersucht dürfte ein schwieriges Thema für Sie sein, denn jeder harmlose Flirt könnte ja den Anfang vom so gefürchteten Ende der Liebe bedeuten.

Sex ist Ihnen wichtig, und Sie sind im Bett aufregend und hingebungsvoll. Aber Ihr Liebespartner droht zu Ihrer Droge zu werden. Sie laufen Gefahr, in eine Abhängigkeit zu geraten, die der andere nur schwer ertragen kann. Versuchen Sie eine gefühlsmäßige Leere durch den Partner zu füllen, spüren Sie sie sofort schmerzhaft, wenn er sich Ihnen entzieht. Dahinter verbergen sich Unsicherheit und ein eher schwach entwickeltes Selbstbewußtsein.

F = Realistische Liebe

Bei Ihnen ist die Liebe kein erregendes Abenteuer, sondern die wichtigste Sache der Welt, die alle erdenkliche Ernsthaftigkeit und Vernunft fordert. Sie gehen schon mit genauen Vorstellungen an die Wahl des richtigen Partners heran und verplempern wahrscheinlich wenig Zeit mit angenehmen, aber letztlich unannehmbaren Kandidaten.

Geduld ist wichtig bei diesem Liebesstil. Geduld, auf den Richtigen zu warten, Geduld, schwierige Zeiten einer Partnerschaft auszuhalten. Und auch das Planen und Erreichen von gemeinsamen Zielen ist eine Stärke, die letztlich auf Geduld aufbaut. Partnerschaftliche Verabredungen nehmen Sie sehr ernst und verlangen das auch von anderen.

Was nicht fehlt, aber etwas zu kurz kommt, sind die Gefühle. Wallungen werden zwar registriert, aber eher unter »störend« verbucht. Das funktioniert zwar, aber die Ekstase geht dabei verloren. Wenn die verborgene Angst vor unberechenbaren Gefühlen allzu groß ist, dann passiert genau das, was immer vermieden werden sollte, und es stehen möglicherweise eher unangenehme Veränderungen ins Haus.

Wie eifersüchtig sind Sie?

*Eifersucht, das ist der kleine Stich, den wir
empfinden, wenn der Partner vor unseren Augen
flirtet. Aber Eifersucht kann auch ein so mächtiges
Gefühl sein, daß es zum tödlichen Stich kommt,
wie viele Tragödien der Weltliteratur belegen.
Ob in der Drei-Zimmer-Wohnung oder im
Königsschloß: Es scheint kein Kraut gewachsen
gegen die Sucht, die mit Eifer sucht, was Leiden
schafft. In der Eifersucht verknäueln sich sehr
verschiedene Gefühle: Besitzanspruch,
Selbstzweifel, Verlustangst, Rache,
Geltungsstreben, Mißtrauen, Egozentrik, Neid,
Wut ... Lauter Gefühle, die wir nicht so gerne
wahrhaben wollen. Deshalb behaupten viele
Menschen von sich: »Ich? Ich bin doch nicht
eifersüchtig!« Dabei ist es gerade bei der
unbesiegbaren Eifersucht wichtig, sich selbst
zu kennen, sich nichts vorzumachen.
Unsere Eifersucht anzuerkennen und zu ihr
zu stehen, ist zumeist der einzige Weg,
mit ihr zurechtzukommen.*

Versetzen Sie sich in die folgenden Situationen. Was würden Sie in diesem Fall denken, sagen oder tun? Kreuzen Sie bitte bei den mit A, B oder C gekennzeichneten Alternativen an, was Ihnen am ehesten entspricht.

▶ Sie räumen seine Sachen weg. Dabei entdecken Sie an seinem Jackett ein langes Haar. Aber es hat nicht Ihre Haarfarbe.

Sie entfernen es stirn-
runzelnd und denken: Er
könnte seine Sachen
gefälligst auch selbst
wegräumen.   B

Sie fragen sich, ob
vielleicht doch etwas faul
ist an seinen vielen
Überstunden.   A

Sobald er zu Hause ist,
stellen Sie ihn zur Rede:
»Wenn du was mit deiner
Sekretärin hast, dann sag
es gleich!«   C

▶ Kurz vor Ladenschluß fällt Ihnen ein, daß Sie dringend noch ein kleines Geschenk besorgen müssen. Leider sind Sie schon abgeschminkt und machen in Ihrer schlabbrigen Jogginghose nicht die beste Figur.

So wie Sie sind, eilen Sie
zum Einkaufen.   A

Sie beschließen, auf ein
Mitbringsel zu verzichten.
In diesem Aufzug gehen
Sie nicht aus dem Haus.   C

Sie werfen sich einen
langen Mantel über und
gehen in der Hoffnung,
daß Ihnen niemand
begegnen wird.   B

▶ Ihr Partner kommt mit zwei Stunden Verspätung von der Arbeit nach Hause. Er ist glänzend aufgelegt.

Sie warten erst mal ab,
was jetzt kommt.   A

Sie fragen ihn, weshalb er
Sie nicht anrufen kann,
wenn er sich verspätet.   B

Sie warnen ihn, Sie anzu-
lügen, und wollen wissen,
ob er mit einer anderen
Frau zusammen war.   C

▶ Bei der jährlichen Urlaubsplanung eröffnet er Ihnen, daß er gerne mal allein in Urlaub fahren würde.

Es interessiert Sie, wohin er denn alleine gerne fahren würde. ☐ B

Sie sind über seinen Wunsch ziemlich überrascht. ☐ A

Sie halten ihm vor, daß Sie beide sich ja gleich trennen könnten, wenn er das will. ☐ C

▶ Sie sind gemeinsam auf einer Party, wo es von attraktiven Menschen nur so wimmelt.

Sie halten ein wachsames Auge auf ihn – und er weiß das. ☐ C

Sie amüsieren sich und achten zeitweise gar nicht weiter auf ihn. ☐ B

Wenn Sie bemerken, daß er sich mit einer Frau offenbar glänzend versteht, mischen Sie sich unauffällig in das Gespräch. ☐ A

▶ Am Feierabend erzählt er Ihnen, daß eine neue Kollegin bei ihm angefangen hat. Er findet sie sehr sympathisch. Ihre Reaktion:

»Oh, ich hab' neulich auch einen netten Typ kennengelernt …« ☐ B

»Ich kann mir schon denken, was du mit ›sympathisch‹ meinst!« ☐ C

»Wo hat sie denn vorher gearbeitet?« ☐ A

▶ Sie suchen sich einen Platz im Restaurant. Da fallen Ihnen zwei Männer auf, die deutlich über Sie tuscheln und lachen. Wie reagieren Sie innerlich?

Blöde Wichtigtuer! ☐ A

Ich werde mir nichts anmerken lassen, auch wenn mich das Getue verunsichert. ☐ C

Der Kleinere von den beiden sieht ganz nett aus. ☐ B

▶ Ihr Partner möchte sich mit seiner Ex-Partnerin zum Essen treffen.

Schon der Gedanke daran macht Sie rasend. ☐ C

Seine alten Geschichten lassen Sie eher kalt. ☐ B

Ihnen wird etwas seltsam bei dem Gedanken, daß er seine frühere Partnerin wiedertreffen möchte. ☐ A

▶ Ganz spontan: Welche Eigenschaft ist Ihnen bei einem Mann wichtiger:

Treue ☐ B

gutes Aussehen ☐ A

▶ Bei einer zwanglosen Plauderei mit Kneipenbekanntschaften reagiert Ihr Partner plötzlich mit heftiger Eifersucht und wirft Ihnen vor, andere Männer anzumachen.

Sie mögen es, wenn er eifersüchtig ist, weil das ein Beweis dafür ist, daß er Sie liebt.   A

Sie sind sauer, weil Sie es grundsätzlich hassen, wenn er versucht, Sie einzuschränken.   B

Sie sind gekränkt, weil er Ihnen so wenig vertraut.   C

▶ Ihr Partner redet mit einer attraktiven Bekannten stundenlang über Literatur. Obwohl ihn Bücher im Grunde überhaupt nicht interessieren.

Sie ertragen Ihre innere Empörung kaum, halten sich aber mühsam zurück.   C

Sie bewundern ihn, wie er es schafft, so genial zu bluffen.   A

Sie finden das etwas dümmlich und ärgern sich, daß er sich bei Ihnen nicht soviel Mühe gibt.   B

▶ Sie begegnen einem für Sie sehr attraktiven Mann, der auch Interesse an Ihnen signalisiert.

Sie denken durchaus daran, mal wieder einen Seitensprung zu riskieren.   B

Sie bedauern, eine so treue Seele zu sein.   C

Es könnte sein, daß Sie vielleicht doch zum ersten Mal fremdgehen.   A

▶ Ihre Freundin war zu Besuch bei Ihnen. Nachdem sie gegangen ist, schwärmt Ihr Partner davon, wie gut sie angezogen war.

Sie denken daran, mal wieder mit ihr einkaufen zu gehen.   A

Sie sind verunsichert und fürchten, er könne Sie nicht mehr attraktiv genug finden.   C

Sie sind etwas genervt, weil er sich nie so begeistert über Ihre Garderobe äußert.   B

▶ Sie haben den Verdacht, daß Ihr Partner fremdgeht. Sie wissen aber nicht, ob es stimmt. Da fällt Ihnen sein Tagebuch in die Hände.

Sie lesen es nicht. Versprochen ist versprochen!   A

Unter diesen Umständen fühlen Sie sich berechtigt, ruhig mal einen Blick hineinzuwerfen.   C

Sie haben zwar ein total schlechtes Gewissen dabei, aber Sie müssen unbedingt rauskriegen, was los ist.   B

▶ Ihr Partner ist allein zu einem Fest gegangen. Um drei Uhr morgens ist er immer noch nicht zurück.

Sie sind sauer und werden ihn das auch spüren lassen. ☐ A

Sie hoffen, daß er bloß bald kommt, denn Sie können keine Minute ruhig schlafen. ☐ B

Innerlich beginnen Sie, sich das Schlimmste auszumalen und packen in Gedanken schon Ihre Koffer. ☐ C

▶ Auf einer Party unterhält sich Ihr Partner sehr angeregt mit einer Bekannten. Nach einiger Zeit bemerken Sie, daß beide verschwunden sind.

Sie sind verwundert und gehen ihn suchen. ☐ A

Sie spüren einen kleinen Stich, aber unternehmen nichts und amüsieren sich Ihrerseits. ☐ B

Sie kriegen Panik und fürchten, ihn irgendwo beim Knutschen zu erwischen. ☐ C

▶ Ihr Partner lebt für einige Zeit aus beruflichen Gründen in einer anderen Stadt.

Sie telefonieren täglich und möchten am liebsten erfahren, was er in jeder Minute gemacht hat. ☐ C

Sie rufen ihn an, wenn Sie Lust dazu haben, und wünschen sich, daß er's genauso macht. ☐ B

Sie nutzen manche Ihrer häufigen Telefonate durchaus auch dafür, um direkt nachzufragen, ob er Ihnen auch treu ist. ☐ A

Auswertung

Zählen Sie zusammen, wie oft Sie A, B oder C eingesetzt haben. Tragen Sie die Summen hier ein, und lesen Sie die Auswertung zu dem Buchstaben, den Sie am häufigsten angekreuzt hatten.

A	B	C

Je größer Ihre Zahl für einen Antwortbuchstaben ist, desto genauer trifft die jeweilige Auswertung auf Sie zu.

A
Zwar haben Sie in einigen Lebenssituationen mit Eifersuchtsgefühlen zu kämpfen, aber diese Attacken sind nicht so bedrohlich, daß die Angst davor Ihr gesamtes Verhalten bestimmen würde. Sie empfinden nicht jede Handlung des Partners, die sich nicht auf Sie bezieht, als Bedrohung. Für Sie existieren neben dem »Wir« auch das »Ich« und das »Du« weiter, ja, für Sie ist Selbständigkeit sogar die Grundlage einer wirklichen Liebesbeziehung. In Ihrem Innersten wissen Sie, daß Sie auch allein, ohne den anderen klarkommen könnten und daß die Hinwendung des Partners zu einer anderen Person kein Zeichen Ihrer Wertlosigkeit ist. Sie sind in erster Linie durch Zuneigung und nicht durch Besitzdenken und Sicherheitswünsche an ihn gebunden. Natürlich reagieren Sie eifersüchtig, wenn Ihre Beziehung wirklich gefährdet ist. Dann gibt es Szenen und Krach. In einer Partnerschaft zu leben, in der beide sie selbst bleiben können, hat zwei Seiten. Einerseits bringt es die Chance mit sich, dem Partner ohne einengende Besitzansprüche nah sein zu können, andererseits entstehen leichter wichtige Gefühlsbindungen zu dritten Personen. Die Lebendigkeit des Drahtseilaktes zwischen Freiheit und Bindung zu genießen und vor der immer vorhandenen Möglichkeit des plötzlichen Absturzes nicht zuviel Angst zu haben – genau das verhindert, daß Eifersucht eine Beziehung zerstört. Solange Sie nur ab und zu eine Woge von Eifersucht über sich hinwegrollen fühlen, sind Sie auf dem richtigen Weg.

B
Für Sie ist Eifersucht scheinbar kein Problem. Vielleicht gehören Sie sogar zu jenen, die auf Befragen von sich behaupten, sie seien im Grunde noch nie richtig eifersüchtig gewesen. Kunststück! Sie sorgen unbewußt dafür, daß Ihr Partner recht häufig mit seiner Eifersucht beschäftigt ist. Aber Ihr Selbstbewußtsein ist nicht so

unerschütterlich, wie es anderen und vielleicht auch Ihnen selbst erscheinen mag. Zwar ist es nicht so schwach, daß es Ihnen nicht gelänge, der eigenen Nase nach zu leben: Ihre Bereitschaft zu Flirts und Affären erscheint Ihnen deshalb als Ihr ureigenstes Bedürfnis und das Leiden des Partners als unerwünschter, aber nicht zu verhindernder Preis für die Bindung an Sie. Dabei bleibt Ihnen verborgen, daß Sie ihn durch Ihr Verhalten bei der Stange halten und so verhindern, selbst in die Rolle der Eifersüchtigen zu geraten. Neid und Konkurrenzgefühle sind auf Grund Ihrer Kindheitserfahrungen in Ihrer Psyche als so schmerzhafte Ereignisse verbucht, daß Sie einiges tun, um nicht wieder in eine ähnliche Situation zu geraten. Sie schätzen Stil und Individualität und schaffen sich durch das Gefühl, etwas Besonderes zu sein, einen gewissen Sicherheitsabstand zu anderen Menschen: Ohne Nähe keine Abhängigkeit, ohne Abhängigkeit weniger Gefahr, der Eifersucht zu begegnen. Ziehen Sie Ihren Kopf aus dem Sand, bevor Ihr Partner Ihre Spielchen nicht länger ertragen kann. Durch seinen Rückzug könnten Sie sonst nämlich gewaltsam doch mit Ihrer so sorgsam vermiedenen Eifersucht konfrontiert werden.

C
Liebe kann man nicht erzwingen. Da würden Sie sicher zustimmen. Doch gleichzeitig verhalten Sie sich ganz so, als könnten Sie dafür sorgen, daß einmal auf Sie gerichtete Zuwendung Ihnen nie wieder verlorengeht. Sie kontrollieren jeden Schritt Ihres Partners so angestrengt, daß unter dem Vergrößerungsglas der Eifersucht aus einer einstündigen Verspätung die Gewißheit wird, daß er jemand anderen hat. Panik bricht aus: Das Ende der Liebesbeziehung wird gefühlsmäßig wie das Ende der Welt erlebt, denn jetzt scheint besiegelt, was unbewußt lange klar ist: selbst nichts wert zu sein. Eine andere Frau wird vorgezogen, ist offensichtlich besser. Hier wird geliebt, weil gebraucht wird – im Gegensatz zum Brauchen aus Liebe. Durch einen anderen Menschen wollen Sie erreichen, was Sie insgeheim von sich selbst fordern: die Nummer eins zu sein. Da Ihnen ständig die Gefahr droht, vom Siegespodest gestoßen zu werden, wird der Spieß einfach umgedreht: Sie bedrohen den Partner. Durch Szenen, durch Liebesentzug mit düsterem Schweigen oder durch vorschnelles Kofferpacken wird er gezwungen, sich ständig um Sie zu bemühen. Trotzige Wut, Schmollen und Abhauen verraten das kleine Kind, das in Ihnen fortlebt und um Aufmerksamkeit und Anerkennung bittet. Schade, daß Sie dabei Ihre guten Seiten ganz übersehen und Ihr Einfühlungsvermögen nicht zur Verständigung nutzen, sondern eigentlich mehr dazu, den Partner an seinen schwachen Stellen zu

treffen. Alle Versuche, nicht eifersüchtig zu reagieren, werden erst gelingen, wenn Sie gelernt haben, »ja« zu sich selbst zu sagen. Denn erst dann werden Sie auch daran glauben können, daß ein anderer Mensch wirklich »ja« zu Ihnen sagt.

Auf welchen Typ fliegen Sie?

*Nach einer enttäuschenden Partnerschaft glauben
wir, im neuen Partner endlich jemand ganz anderen
gefunden zu haben, jemanden, der unseren
Bedürfnissen so sehr viel mehr entspricht.
Und stellen doch nach einiger Zeit frustriert fest,
daß wir offenbar wieder an einen ganz ähnlichen
Partner geraten sind. Unser Unbewußtes mischt
nämlich bei der Partnerwahl kräftig mit. Wir fühlen
uns immer wieder vom gleichen Typ angezogen und
holen uns treffsicher immer wieder den gleichen
Konflikt ins Leben. Den wiederum kennen wir
meist schon aus der Kinderstube: Wir versuchen,
das zu wiederholen, was mit Mama und Papa
unbefriedigend war – um endlich davon
loszukommen. Wenn wir unsere Partnerschaften,
gegenwärtige und vergangene, darauf abklopfen,
auf welchen Typ wir fliegen, haben wir die Chance,
uns unsere unbewußten Beziehungsmuster bewußt
zu machen und sie zu verändern.*

Denken Sie an drei typische, für Sie wichtige Partnerbeziehungen. Schreiben Sie die Namen der Männer auf. Beantworten Sie dann alle Fragen für jeden der drei Männer. Am besten, Sie gehen die Fragen für jeden Mann einzeln durch. Für jeden der drei ist ein Antwortkästchen vorgesehen. Wundern Sie sich nicht, wenn Sie (trotz der unterschiedlichen Männer) die gleichen Antworten ankreuzen. Wichtig: Es geht um ehemalige oder um noch bestehende Partnerschaften, auch dann, wenn die Fragen in der Vergangenheitsform geschrieben sind.

Partner I   ☐
Partner II   ◇
Partner III   ○

▶ Wen hielten Sie während Ihrer drei Beziehungen für gefühlsmäßig reifer?
mich .... B ☐◇○
ihn .... D ☐◇○
uns beide nicht .... C ☐◇○
uns beide gleich .... A ☐◇○

▶ Wäre er ein Tier, welches wäre er am ehesten?
(Wählen Sie für jeden Ihrer drei Männer zwei aus, und seien Sie ruhig etwas drastisch dabei.)
Küken .... B ☐◇○
Panther.................. C ☐◇○
Elefant .... D ☐◇○
Pfau .... A ☐◇○
Auster .... C ☐◇○
Welpe .... B ☐◇○
Schildkröte .... D ☐◇○
Fuchs .... A ☐◇○

▶ Vielleicht hätten Sie sich nie auf ihn eingelassen, wenn er nicht so … gewesen wäre? Wählen Sie die passende Eigenschaft:
aufregend................. C ☐◇○
charmant .... A ☐◇○
beruhigend .... D ☐◇○
niedlich.................... B ☐◇○

▶ In der Beziehung fühlte ich mich öfter wie eine …
Schwester................. A ☐◇○
Mutter .... B ☐◇○
Tochter .... D ☐◇○
Geliebte .... C ☐◇○

▶ In unserer Beziehung hatte ich bald das Gefühl, daß …
wir uns gegenseitig sehr brauchten. .... C ☐◇○
er mich mehr brauchte als ich ihn. .... B ☐◇○
ich ihn mehr brauchte als er mich. .... D ☐◇○
wir uns gegenseitig nicht sehr stark brauchten. ... A ☐◇○

▶ Vor welcher Eigenschaft Ihrer drei Partner würden Sie eine Freundin warnen, wenn sie dabei wäre, sich für einen davon zu interessieren? Am ehesten vor …
Verschlossenheit .... C ☐◇○
Unzuverlässigkeit .... A ☐◇○
Egoismus .... D ☐◇○
Unselbständigkeit .... B ☐◇○

▶ Auf jedem der Kinoplakate auf Tafel II ist ein Mann dargestellt. Welche dieser Posen trifft ihn am besten?

A	□ ◇ ○
C	□ ◇ ○
D	□ ◇ ○
B	□ ◇ ○

▶ Suchen Sie aus, welcher Märchenprinz er am ehesten für Sie war:
der edle Prinz, der mich zu seinem Schloß führt und zu seiner Königin macht ....D □ ◇ ○
der schwarze Prinz, an dessen Seite ich die aufregendsten Abenteuer bestehe ....C □ ◇ ○
der Zauberprinz, der mir die Augen für die Wunder der Welt öffnet ....B □ ◇ ○
der strahlende Prinz, der mir jeden Wunsch von den Augen abliest und mich aus der Welt entführt ...A □ ◇ ○

▶ Seine Kleidung und sein Auftreten waren eher ... (entscheiden Sie sich jeweils für zwei Begriffe)
eitel ....A □ ◇ ○
elegant ....D □ ◇ ○
erotisch ....C □ ◇ ○
ausgefallen ....B □ ◇ ○
achtlos ....B □ ◇ ○
modisch......................C □ ◇ ○
stilvoll ....A □ ◇ ○
unauffällig ....D □ ◇ ○

▶ Wenn Sie zurückblicken: Wie lange sind Sie noch in der Beziehung geblieben, nachdem Sie das Gefühl hatten, es würde zur Trennung kommen?
Ich ging ziemlich schnell. ....A □ ◇ ○
Ich blieb noch eine Weile, um sicher zu sein. ....B □ ◇ ○
Ich blieb viel zu lange, bis nichts mehr ging. ... C □ ◇ ○
Ich blieb zu lange – bis er etwas unternahm. ... D □ ◇ ○

▶ Spielte Ihre Eifersucht eine Rolle in den Beziehungen?
selten ....D □ ◇ ○
ein schreckliches Problem .... A
schon öfter ein Problem .... C □ ◇ ○
im Grunde kein Problem .... B □ ◇ ○

▶ Welches Gefühl hatten Sie in Auseinandersetzungen mit ihm?
Hilflosigkeit............... C □ ◇ ○
Verachtung .... B □ ◇ ○
Mordswut .... D □ ◇ ○
Verunsicherung .... A □ ◇ ○

▶ Wie sicher fühlten Sie sich in Ihrer Beziehung zu ihm?
oberflächlich sicher, unterschwellig eher unsicher .... B □ ◇ ○
oberflächlich unsicher, unterschwellig eher sicher .... C □ ◇ ○
eher sicher .... D □ ◇ ○
eher unsicher.............. A □ ◇ ○

▶ Eine wichtige, aber unangenehme gemeinsame Angelegenheit mußte erledigt werden. Was war typisch?

Wir zögerten es beide endlos lange hinaus. .... A □ ◇ ○
Er nahm es in die
Hand. .... D □ ◇ ○
Er tat es nach langem
Bitten. .... C □ ◇ ○
Ich nahm es in die
Hand. .... B □ ◇ ○

▶ Wenn Sie einen Film über Ihre drei Beziehungen drehen würden, was würde rauskommen?

Ein verrückter
Action-Film .... B □ ◇ ○
Ein knisternder
Thriller..................... C □ ◇ ○
Ein Problemfilm .... D □ ◇ ○
Eine tragische
Romanze .... A □ ◇ ○

▶ Seitensprünge waren von seiner Seite eher ...

kein Thema .... B □ ◇ ○
etwas, das er (wohl)
geheimhielt .... D □ ◇ ○
eine Bedrohung für
mich und ein häufiger
Streitpunkt .... C □ ◇ ○
immer möglich und sind
(wohl) vorgekommen... A □ ◇ ○

▶ Seitensprünge waren von meiner Seite eher

kein Thema .... D □ ◇ ○
etwas, das ich nie
gemacht hätte .... C □ ◇ ○
etwas, das vorkam oder
leicht hätte vorkommen
können...................... A □ ◇ ○
möglich, aber
unwichtig .... B □ ◇ ○

▶ Welche dieser Abbildungen paßt
eher auf den jeweiligen Partner
bzw. Ex-Partner?

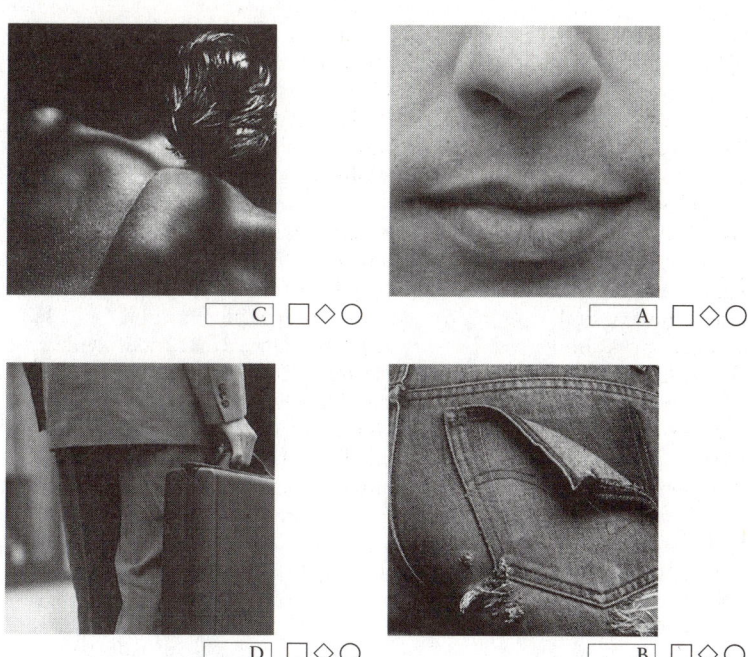

C □◇○   A □◇○

D □◇○   B □◇○

Auswertung

Zählen Sie jetzt zusammen, wie oft
Sie A, B, C oder D angekreuzt
haben. Unter dem Buchstaben, den
Sie am häufigsten markiert haben,
finden Sie die Antwort, die auf Sie
zutrifft. Für den (unwahrschein-
lichen) Fall, daß Sie zwei oder drei
gleiche Zahlen haben, treffen die
Auswertungen nur eingeschränkt
auf Sie zu.

Typ A: Der Verführer
Wenn er Ihnen die Sterne vom
Himmel verspricht, wenn er seine
Augen nicht mehr von Ihnen
nimmt und Sie mit den phantasie-
vollsten Komplimenten überhäuft,
dann verlieren Sie Ihr Herz auf der
Stelle. Denn nach nichts sehnen Sie
sich mehr als nach Anerkennung.
Sie möchten als Frau bewundert,
ja verehrt werden. Doch wehe, die
brennende Verliebtheit erlischt, die
Ihnen das alles bietet. Schon igeln
Sie sich ein und ziehen sich wieder
zurück.
Unbewußt sorgen Sie durch
Ihr Verhalten dafür, daß Sie gar
nicht in eine reale Romanze
geraten, weil Sie im Innersten eine
Riesenangst haben, daß Sie eines
Tages von ihm verlassen werden
könnten.
Sie neigen dazu, Romantik und
Liebe zu verwechseln. Das liefert
Sie dem Süßholzraspler aus, der
jede Bindung fürchtet und nur die

Eroberung liebt. Es macht Sie aber
auch anfällig für Männer, die
durch Aussehen, Ideen oder
Status blenden. Und für solche,
die Züge Ihres Vaters an sich
haben, der Sie vielleicht nicht in
dem Maße beachtet hat, das Sie
sich wünschten.
Wer sich Ihnen gegenüber nicht
berauscht und betört gibt, sondern
realistisch, der hat leider keine
große Chance. Männer, die mit
beiden Füßen auf dem Boden
bleiben, beachten Sie nicht weiter.
Einem Partner, die Sie kritisiert,
der Fehler an Ihnen entdeckt und
trotzdem Interesse und Liebe für
Sie zeigt, entfliehen Sie. Schade.
Denn nur wer Sie mit allen Ihren
Problemen sieht, könnte möglicherweise der Richtige sein. Er
wird Sie sicher auch dann nicht
verlassen, wenn Sie sich mal nicht
von Ihrer Schokoladenseite zeigen.

Typ B: Der Hilflose
Auf die Schwachen aus dem starken Geschlecht fliegen Sie besonders stark. Männer, die kleine
Jungs geblieben sind – artige und
unartige –, die jemanden brauchen, der sie an die Hand nimmt,
und denen man zeigen muß, wo es
langgeht. Nach außen hin wirken
diese Männer vielleicht ganz erfolgreich, aber in ihrem Inneren
fühlen sie sich hilflos und verloren.

Und genau für diesen Typ haben Sie einen Riecher. Seine Hilflosigkeit gibt Ihnen die Gewißheit, in einer Beziehung die Stärkere zu sein. Sie können in die Rolle der guten Mama schlüpfen, können sich kümmern und sorgen und sich so die Nähe und Zuneigung holen, die Sie selbst brauchen. Vielleicht wiederholen Sie da etwas, was Ihre Mutter mit Ihnen gemacht hat. Vermutlich haben Sie es nicht gelernt, Ihre Wünsche direkt zu äußern. Unbewußt meinen Sie, immer etwas leisten zu müssen, um etwas zu bekommen. Einen Mann, der Stärke zeigt, packen Sie in die Schublade »Macho« und schieben die Schublade schnell zu. Selbstbewußt auftretende Männer, die sich nichts vormachen lassen und sagen, was sie wollen, übersehen Sie – Sie fühlen sich von ihnen nicht angesprochen. Dabei wissen Sie selbst, wie gereizt und überdrüssig Sie nach einiger Zeit auf die »Riesenbabys« reagieren, an die Sie immer wieder geraten. Vielleicht sollten Sie mal intensiver in Augen sehen, die Sie nicht nur lieb und unschuldig, sondern herausfordernd anschauen.

Typ C: Der Macho
Sie verknallen sich gern in einen richtigen Macho. Seine Botschaft, er habe alles im Griff, imponiert Ihnen ganz außerordentlich, selbst wenn Ihr Verstand ganz anders darüber denkt. Seine Ausstrahlung von Freiheit, Frechheit und Abenteuer macht Sie schwach.

Sie sind voller Sehnsucht nach der Geborgenheit bei einem »starken Mann«. Wenn das Versprechen in der Luft liegt, endlich die totale, alles befriedigende Liebe zu erleben, jubeln Sie innerlich. Die Macho-Pose ist genau dies Versprechen.
Und wenn der Macho-Mann Sie dann auch noch von oben herab behandelt, wird Ihre Sehnsucht, die aus kindlicher Unsicherheit entsteht, nur größer. Selbst ein verheirateter Mann, der weit entfernt lebt, schwer oder gar nicht erreichbar ist, könnte so reizvoll sein, daß Ihnen die Rolle der ewig wartenden Geliebten wundervoll erscheint. Denn Sie verwechseln Liebe mit Sehnsucht.
Der Mann von nebenan, der zugewandt und freundlich ist, löst dagegen nichts in Ihnen aus. Dabei könnte er Ihre Wünsche nach Sicherheit und Geborgenheit vermutlich viel besser erfüllen. Für Sie kann der Satz »Warum in die Ferne schweifen, denn das Gute liegt so nah« Sinn machen.

Typ D: Der Patriarch
Er weiß, wo es langgeht. Das zeigt er Ihnen, und Sie glauben in seinen Armen sicher zu sein und schmelzen möglicherweise allzu schnell dahin. Denn die Männer, auf die Sie fliegen, sind im Grunde Chauvis – mit einem eher zerrütteten Selbstbewußtsein. Und genau das zieht Sie an, weil Sie sich selbst recht wenig zutrauen. Mit ihm scheint alles möglich, was Sie sich

allein nicht zutrauen. Für dieses Gefühl von Sicherheit machen Sie sich klein oder spielen sogar die Rolle des »schwachen Weibchens«. Vermutlich ist es für Sie schwierig, Wut, Ablehnung, aber auch Lust frei auszuleben. Auch deshalb sind Sie froh, unter seine Fittiche schlüpfen zu können. Ob er als väterlicher Gönner, mehr oder weniger erfolgreicher Karrieremacher oder als schlecht getarnter Patriarch daherkommt – eines verlangt dieser Mann mit Sicherheit von der Frau an seiner Seite:

Daß sie sich ihm anpaßt!
Den Mann, der seine Unsicherheit eingesteht und mehr Fragen als Antworten zu bieten hat, müssen Sie noch entdecken. Aber wer an Ihrer Meinung interessiert und auch bereit ist, sich auseinanderzusetzen, hat bei Ihnen leider oft schon beim Kennenlernen verspielt. Lassen Sie es ruhig zu, sich auch mal etwas verwirrt zu fühlen, und laufen Sie nicht gleich wieder die nächste breite Schulter an.

Wie frei sind Sie in der Liebe?

*Für die einen ist sie Thema Nummer eins,
für die anderen normaler Bestandteil des Alltags:
die Sexualität. Sie wird ebenso leicht zur Pflicht wie
zum Vergnügen, zum Mittel der Verständigung oder
zur Waffe. Sexualität löst auch viele Zweifel in uns
aus: Verdränge ich meine sexuellen Bedürfnisse,
wenn ich meinem Partner treu bin? Ist es eine
Flucht vor Bindung, wenn ich mit vielen Partnern
schlafe? Ist für mich Liebe ohne Sexualität möglich,
oder Sexualität ohne Liebe? Bin ich gestört, wenn
ich meinen Orgasmus nur auf eine bestimmte Art
erleben kann, oder treibe ich sexuellen
Leistungssport, wenn ich mehrere Möglichkeiten
der Befriedigung anstrebe? Wie ein Mensch die
Sexualität erlebt, welche Wünsche und Ängste
sie auslöst, wie offen er oder sie darüber
sprechen kann und welche Rolle die Partner
dabei spielen, kann jeder nur für sich selbst
beantworten.*

Kreuzen Sie bei jeder Frage die Antwort an, die am ehesten auf Sie zutrifft. Wenn Sie zur Zeit keinen Partner haben, denken Sie beim Ausfüllen an die letzte für Sie wichtige Beziehung.

▶ Schreiben Sie als erstes auf, welche drei Bereiche für eine Partnerschaft am wichtigsten sind.

_____

_____

▶ Sie langweilen sich an einem verregneten Urlaubstag und beschließen, ins Kino zu gehen. Es laufen zwei Filme. Wofür entscheiden Sie sich?

Softporno	2
Liebesschnulze	0
Ich langweile mich lieber weiter	1

▶ Sprechen Sie außerhalb des Bettes mit Ihrem Partner über Sexualität?

oft	3
manchmal	2
selten	1
bisher nicht	0

▶ Entscheiden Sie sich bei jedem Begriffspaar für den Begriff, der für Sie stärker auf Sexualität zutrifft. Denken Sie nicht lange nach, sondern entscheiden Sie sich spontan, selbst wenn Sie glauben, keiner von beiden treffe genau zu:

Lust	Liebe
Berühren	*Erobern*
Verschmelzen	*Erregen*
Nacktheit	Verspieltheit
Wärme	*Spannung*
Abenteuer	Geborgenheit
ich	Du
Kampf	Harmonie

Geben Sie sich für jedes kursiv gedruckte Wort einen Punkt, und tragen Sie die Punktzahl hier ein: [   ]

▶ Sehen Sie sich nun Ihre drei Begriffe links an. Steht Sexualität an

erster Stelle?	3
zweiter Stelle?	2
dritter Stelle?	1
Oder taucht sie gar nicht auf?	0

▶ Haben Sie je mit einer guten Freundin/einem guten Freund über Ihre Vorlieben, Gewohnheiten oder den Grad Ihrer Befriedigung beim Geschlechtsverkehr gesprochen?

nein	0
andeutungsweise	1
ja	2

► Kennen Sie eine solche Situation aus eigener Erfahrung?

leider ja	0
glücklicherweise nicht	2
nur von früher	1

► Wie benennen Sie Ihr eigenes Geschlechtsteil?

mit einem lateinischen Namen	2
mit einem deutschen Ausdruck	3
mit einem Kosenamen, den nur ich dafür benutze	1
ich verwende keinen festen Namen	1
ich weiß nicht, ich rede nie darüber	0

► Gab es Einflüsse durch Bücher, Fernsehen, Freunde/Freundinnen etc., durch die Sie angeregt wurden, Ihr Sexualleben zu verändern oder mit Ihrem Partner darüber zu sprechen?

ja, öfter	2
ja, selten	1
nein	0

► Was sind Ihre Erfahrungen? Wenn ich einem Partner lange treu bleibe, dann wird unsere sexuelle Beziehung immer unbefriedigender.

stimmt	2
stimmt teilweise	1
stimmt nicht	0

► Ich muß einen Menschen sehr schätzen oder lieben, um mit ihm Sexualität wirklich genießen zu können.

stimmt	0
stimmt teilweise	1
stimmt nicht	2

► Ich brauche mehr Sex als die meisten anderen Menschen.

stimmt	2
stimmt teilweise	1
stimmt nicht	0

► Ich habe (hatte) sehr gute Partnerbeziehungen, obwohl ich unser Sexleben nur als mittelmäßig empfinde (empfunden habe).

stimmt	0
stimmt teilweise	1
stimmt nicht	2

► Gibt es in Ihrer Partnerschaft körperlichen Kontakt und Zärtlichkeiten, ohne daß es zum Geschlechtsverkehr kommt?

oft und ausführlich	2
eher selten und flüchtig	1
selten oder gar nicht	0

▶ Wie wichtig ist Ihnen körperliche Attraktivität bei der Partnerwahl?

sehr wichtig	3
wichtig	1
eher unwichtig	0

▶ Wie stehen Sie zu einem eventuellen Seitensprung Ihres Partners?

Ich will alles ganz genau wissen.	2
Mein Partner soll selbst entscheiden, ob und was er mir davon berichtet.	1
Ich will es lieber gar nicht wissen.	0

▶ Markieren Sie auf dem Foto drei Körperstellen – außer den Geschlechtsorganen –, an denen Ihr Partner es erregend findet, berührt zu werden. – Sind Sie sich dabei völlig sicher?

ja.	2
Ich glaube, es stimmt, bin mir aber nicht ganz sicher.	1
Nein. Ich bin verblüfft, denn ich dachte, ich wüßte es.	0

▶ Hier sind einige Fach- und Jargon-Ausdrücke aus dem Bereich der Sexualität*. Kreuzen Sie die an, deren Bedeutung Sie kennen.

Plateauphase	
Cunnilingus	
G-Punkt	
Kegelübungen	
69	

▶ Kreuzen Sie an, welche dieser Dinge Sie besitzen oder ausführlich gelesen/betrachtet haben:

Erotische Literatur	
Erotische Kunst-/ Fotobände	
Aufklärungsbücher oder Sexualitätsratgeber	
Wissenschaftliche Bücher über Sexualität	

Geben Sie sich für jedes Kreuzchen einen Punkt, und tragen Sie die Zahl hier ein: ☐

---

*) Plateauphase: von Masters und Johnson benannte, dem Orgasmus vorausgehende Phase der sexuellen Erregung.
Cunnilingus: orale Stimulation der weiblichen Genitalien.
G-Punkt: empfindungsreicher Bereich an der Vagina, dessen Existenz umstritten ist.
Kegelübungen: Übungen zur Stärkung der Vaginal- und Beckenbodenmuskulatur.
69: gegenseitiger oral-genitaler Sex.

▶ Diese beiden Menschen haben zum ersten Mal miteinander geschlafen. Worüber reden Sie?

Sie sprechen darüber, was sie füreinander empfinden. ☐ 1

Sie besprechen, ob es befriedigend war. ☐ 2

Sie erzählen sich Dinge aus ihrem Leben, die ihnen wichtig sind. ☐ 0

▶ Eine gute Fee hat Ihre Gedanken gelesen und Ihnen für einen Abend Ihren Traummann in die Wohnung gezaubert. Sie beide sind allein, aber nur für einen Abend …

Ich glaube, ich wäre so erregt, daß ich nur noch auf Sex aus wäre. ☐ 2

Vielleicht würde es Sex, vielleicht aber auch nicht. ☐ 1

Ich würde es bestimmt nicht hauptsächlich auf ein sexuelles Abenteuer anlegen. ☐ 0

▶ Wenn Sie an Ihre Liebesbeziehungen denken, warum haben Sie sich von Partnern getrennt?

aus sexuellen Gründen ☐ 2

zum Teil aus sexuellen Gründen ☐ 1

Sexuelle Gründe haben nie eine Rolle dabei gespielt. ☐ 0

Ich habe mich noch nie getrennt. ☐ 0

▶ Was diesen ausgefüllten Test betrifft …

… möchte ich lieber, daß er niemandem in die Hände fällt. ☐ 0

… werde ich mit jemandem darüber sprechen, wenn es sich ergibt. ☐ 1

… werde ich in jedem Fall darüber sprechen. ☐ 2

… weder noch; ich weiß es nicht. ☐ 0

Auswertung

Addieren Sie Ihre Punktzahlen für alle Fragen mit schwarzem Pfeil (= A) und dann für alle Fragen mit grauem Pfeil (= B).

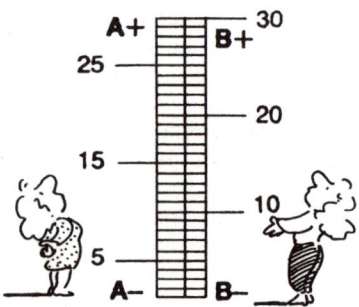

Tragen Sie Ihre Punktzahl für A links und für B rechts ein. Je näher Sie dem Endpunkt einer Skala kommen, desto deutlicher treffen die Auswertungen auf Sie zu.

Sexuelle Kommunikation
A+: Sexualität ist für Sie kein besonderes Thema, sondern ein Thema wie jedes andere. Sie ist natürlicher Bestandteil Ihres Alltags, über den Sie Ihre Meinung haben und den Sie durch die verschiedensten Anregungen verändern. Informiertheit und klares Ausdrücken der sexuellen Bedürfnisse sind aber nur dann wirklich befriedigend, solange nicht Gefühle durch Wissen und Spontaneität durch Technik ersetzt werden. Die schönste

Nebensache der Welt verwandelt sich sonst in die perfekte »Hauptnummer«. Damit wäre Sexualität doch wieder zu etwas Besonderem geworden: zu dem Bereich, in dem die Erfüllung des Lebens schlechthin gesucht wird. Unsere Gesellschaft stützt diese unbewußte Vorstellung, indem sie in der Werbung fast alles über Sexualität anbietet. Glück und Erfüllung finden Sie in der Sexualität aber nur, solange Sie Ihre Gefühle dort nicht außen vor lassen. Ein Heimcomputer könnte die ideale Stellung errechnen – doch Erfüllung entsteht aus dem erlebten Augenblick.
A–: Sexualität ist für Sie nur in Verbindung mit Intimität vorstellbar. Sexuelle Bedürfnisse werden nicht wie andere Alltagsbedürfnisse erlebt und gelebt, sondern sie sind durch romantische Verkleidungen verbrämt oder durch Hemmungen gebremst. Sie haben – nicht nur aus Mangel an Informationen – Schwierigkeiten, Ihre sexuellen Wünsche zu erkennen und sie beim Partner zu äußern. Dabei neigen Sie dazu, sexuelle Probleme für Ihre Unzufriedenheit verantwortlich zu machen. Sie gehen davon aus, daß es ein richtiges, normales Sexualverhalten geben muß, und versuchen, etwas zu erfüllen, das gar nicht existiert. Das Ergebnis sind Minderwertigkeitsgefühle, die

man vor sich selbst und der Umwelt zu verbergen versucht, indem man der neugierigen und spielerischen Beschäftigung mit der Sexualität ausweicht. Die Bettdecke sollte gelüftet werden, ein frischer Wind die Tabus aus den Laken schütteln, damit Ihre Sexualität wieder ein Thema zum Wünschen, Erzählen oder auch Amüsieren wird.

Sexualität und Nähe

B+: Sexualität steht bei Ihnen im Dienst der Partnerbeziehung. Treue, Hingabe und Verpflichtung sind Werte, die Sie nicht vorschnell aufgeben. Positiv gelebt, führt dies zu befriedigenden Beziehungen, in denen Sexualität als wachsender Prozeß der Verständigung und Nähe gesehen wird. Sind jedoch Verunsicherung und starke Abhängigkeitswünsche das Motiv, dann sind Intimität und Nähe eher ein Schutzwall. Sexuelle Wünsche, die sich auf andere mögliche PartnerInnen richten, müssen vermieden werden, um diese Sicherheit nicht zu gefährden. Wird aber solches Begehren, das in jeder noch so harmonischen Beziehung auftritt, unter den Bettvorleger gekehrt, dann taucht es in Gestalt von Eifersucht und Nörgelei wieder auf. Der Tagtraum vom »Mann« für eine Nacht und der Flirt mit dem schönen Unbekannten – sie müssen nicht ausgelebt, aber anerkannt werden. Durch Verleugnen solcher Träume bedroht man unbewußt eine befriedigende sexuelle Dauer-

partnerschaft. Das Ideal der ganz monogamen Sexualität entspricht vor allem den gesellschaftlichen Erwartungen an weibliches Verhalten. Sexualität gleich Liebe – das wird dem kleinen Mädchen sehr früh vermittelt. Fällt es Ihnen schwer, einen anderen Mann außer Ihrem Partner in den Arm zu nehmen oder verwandeln Sie sich in solchen Situationen in ein nettes Neutrum? Das wäre ein weiterer Hinweis darauf, daß Sie Ihre Sexualität zu sehr reglementieren.

B–: Bei Ihnen steht die Sinnlichkeit im Vordergrund. Sie suchen und finden körperliche Befriedigung auch ohne gefühlsmäßige Nähe zum anderen. Dahinter steckt die Angst, Ihr Herz zu verlieren, wenn Sie sich sexuell und emotional fallen lassen. Nähe ist für Sie mit Abhängigkeit, Verletzung, Trennung und ähnlichem verbunden, und so entsteht im Extremfall Sexualität als Konsumartikel. Das aber hat paradoxe Folgen: Einerseits ist es recht beliebig, wer der Partner ist, andererseits sucht man ständig nach sexueller Intimität, um überhaupt Nähe zu finden – wenn auch eine entpersönlichte. Das entspricht eigentlich eher dem »männlichen« Verhaltensmuster, weil es – angeblich! – für Selbständigkeit und Unabhängigkeit steht. Wenn Sie das nächste Mal morgens darauf warten, daß er endlich verschwindet, überlegen Sie mal, ob Sie wirklich soviel Wert auf Ihre Freiheit legen oder ob Sie vor Ihren Ängsten davonlaufen.

Seitensprung – wann sind Sie fällig?

Machen wir uns nichts vor: Sexuelle Treue ist ein schönes Ideal, und manchmal sind wir sogar in der Lage, es zu verwirklichen. Aber zumindest in Gedanken und meist auch irgendwann in der Realität geschieht er doch: der Seitensprung.
Es scheint noch keiner Kultur und keiner Epoche der Menschheitsgeschichte gelungen zu sein, die Monogamie lupenrein zu verwirklichen.
Die Möglichkeit fremdzugehen besteht jederzeit. Ob und wann wir es tun, hängt davon ab, wie unsere Partnerschaft gerade läuft. Durch einen Seitensprung oder unsere wachsende Bereitschaft dazu teilen wir dem Partner und uns selbst mit, was uns fehlt, womit wir unzufrieden sind. Durch einen Seitensprung sprechen wir also aus, wofür wir auf andere Weise in unserer Partnerschaft kein Verständnis zu finden glauben. Je besser wir unsere ganz persönliche Tendenz zum Seitensprung verstehen, desto eher haben wir die Chance, unsere frustrierten Bedürfnisse direkter und weniger folgenschwer anzumelden.

Teil I

▶ Wie fühlen Sie sich, wenn Sie so zurechtgemacht sind?

▶ Hätten Sie Lust, mit diesem Mann zu flirten?

großartig	3
etwas fremd und aufgesetzt	2
schrecklich	1

ja	3
Ich mag keine schönen Männer.	1
nein	0

▶ Wie fühlen Sie sich, wenn Sie einer attraktiven Frau wie dieser begegnen?

eher unterlegen	1
eher überlegen	2
gleichwertig	3

► Wählen Sie jeweils das Symbol aus, das Ihnen mehr zusagt.

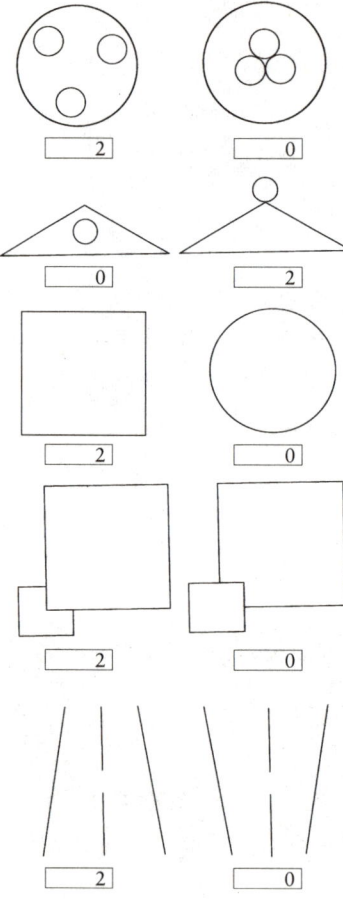

2	0
0	2
2	0
2	0
2	0

► Flirten Sie manchmal mit Ihrem Arzt, Ihrem Postboten, Anwalt oder Automechaniker?

ja, oft	1
manchmal	3
eigentlich nie	0

► Sind Sie ...
eher sehr eifersüchtig?	1
eher etwas eifersüchtig?	3
eher gar nicht eifersüchtig?	0

► Sind Sie oft im nachhinein unglücklich oder verärgert über Ihr Verhalten in einer bestimmten Situation?

eher häufig	0
eher selten	2

► Gehen Sie auch mal ungestylt einkaufen?

eher ja	2
eher nein	0

► Sind Sie schüchtern?

eher ja	0
eher nein	2

► Geraten Sie häufig in peinliche Situationen?

eher ja	0
eher nein	2

► Hätten Sie Lust, mit Ihrem Partner auf ein wildes Fest zu gehen und so zu tun, als würden Sie sich nicht kennen?

eher ja	2
eher nein	0

► Glauben Sie, daß Sie eine gute Liebhaberin sind?

ja	3
manchmal	2
meistens nicht	0

▶ Geht Ihnen Kritik an Ihrer Person oder Ihrem Verhalten oft noch tagelang nach?

eher ja   0

eher nein   3

▶ Sagen Sie offen Ihre Meinung ...

3

... oder behalten Sie lieber für sich, was Sie denken?   0

▶ Denken Sie viel über sich nach und darüber, wie Sie mehr aus sich machen könnten?

eher ja   2

eher nein   0

▶ Sind Sie sexuell erfahren?

eher ja   2

eher nein   0

▶ Wie sind Sie mit Trennungen in Ihrem Leben zurechtgekommen?

Ich war immer furchtbar deprimiert und fast in Panik.   0

Ich fühlte mich eine Zeitlang sehr traurig und aufgewühlt.   3

Ich kam meistens ziemlich schnell darüber hinweg.   1

▶ Würden Sie sich für 100.000 DM nackt fotografieren lassen?

ja   2

nein   0

Teil II

▶ Wie empfinden Sie Ihre Partnerschaft?

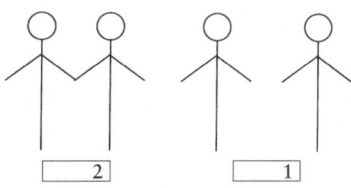

▶ Gibt es solche Szenen in Ihrer Partnerschaft?

eher häufig   3

eher selten   2

eher nie   0

▶ Welches der Objekte auf der
Tafel III gefällt Ihnen besser?

in Rot [2]
in Blau [0]

▶ Welches Symbol spricht Sie
stärker an?

[0]   [2]

▶ Welche Abbildung bevorzugen
Sie?

[0]   [2]

▶ Welches der Bilder auf
Tafel IV sagt Ihnen mehr zu?

[3]
[0]

▶ Kommt es vor, daß Sie längere
Zeit gekränkt oder beleidigt sind,
ohne etwas dagegen tun zu
können?

eher ja [0]
eher nein [3]

▶ Urlaub ohne den Partner
… mache ich öfter. [3]
… – danach sehne ich
mich öfter. [1]
… – dazu habe ich
keine Lust. [0]

▶ Fühlen Sie sich nach einem
Streit mit Ihrem Partner eher
… erlöst und erleichtert? [4]
… etwas besser? [2]
… ziemlich mies? [1]
… schuldig und schlecht? [0]

▶ Fühlen Sie sich ohne Ihren
Partner ganz verloren?
oft [0]
manchmal [1]
selten [2]

▶ Haben Sie Geheimnisse vor
Ihrem Partner?
Ja, und ich finde das
in Ordnung. [3]
Ja, aber ich finde das im
Grunde schrecklich. [0]
nein [1]

▶ Haben Sie mal eine Zeit wirklich allein gelebt, ohne Partner?
Ja, und das war/ist gut. [3]
Ja, aber ich lebe
ungern allein. [1]
ja, aber nur sehr
kurze Zeit [2]
nein [0]

▶ Haben Sie einen eigenen
Bekanntenkreis, mit dem Ihr
Partner nichts zu tun hat?
ja [2]
nein [0]

▶ Treffen Sie wichtige Entscheidungen auch gegen die Meinung Ihres Partners?

eher ja	2
eher nein	0

▶ Wie haben sich Ihre Eltern gestritten?

schrecklich aggressiv	0
manchmal heftig, manchmal ruhig	3
selten aggressiv	1
eher gar nicht	0

▶ Sind Sie gern unter Leuten?

eher ja	2
eher nein	0

▶ Machen Ihnen Unternehmungen mehr Spaß, wenn Ihr Partner dabei ist?

eher ja	0
eher nein	2

▶ Haben Sie unbefriedigende Situationen oft länger ausgehalten als gut für Sie war?

ja, oft	0
manchmal	1
nur selten	3
nein, nie	4

Auswertung

Zählen Sie getrennt für Teil I und Teil II Ihre Punktzahlen zusammen. Die verschiedenen Punktzahlen sind durch Buchstaben gekennzeichnet. Stellen Sie Ihre Kombination aus den Ergebnissen der Teile I und II zusammen.

Teil I: 26 – 48 Punkte = A
bis 25 Punkte = B

Teil II: 28 – 52 Punkte = C
bis 27 Punkte = D

A/C = Abenteuerlust
Typisch: Die Schlafwagennummer
Ihre Beziehung läuft so gut oder schlecht wie jede andere. Mit anderen Worten: Sie können nicht klagen. Dann besuchen Sie Ihre Freundin in Paris, fahren im Liegewagen der Bahn. Das Sechserabteil ist leer, das heißt – bis auf diesen verdammt gutaussehenden Mann. Zuvorkommend hilft er beim Bettenbau … Noch sieben Stunden bis zum Gare du Nord. Seitensprung.
In Ihrer Partnerschaft regiert Vertrautheit statt Lust, Sie beginnen sich zu langweilen. Sie suchen Aufregung, Spannung und Risiko – Sexualität gibt Ihnen die Kicks, die Sie brauchen. Ein Seitensprung ist also doppelt verlockend. Es kommt nicht nur eine neue erotische Erfahrung auf Sie zu, es liegt zusätzlich der Reiz des Verbotenen und des Geheimnisvollen darin. Sie sind im Grunde stets seitensprungbereit, außer Sie sind gerade total verknallt. Und je eintöniger Ihre Zweisamkeit verläuft, desto größer sind die Chancen des wild flirtenden Fremden bei Ihnen.

B/C = Ego-Pflege
Typisch: Der nette Nachhilfelehrer
Alles o.k. Die Kinder sind gesund, denn sie streiten sich unaufhörlich. Der Mann hockt im Hobbykeller und ist auch durch das leckerste Sahnegulasch nicht nach oben zu locken. Den neuen Pulli, die blonden Strähnchen, nichts hat er bemerkt. Mitten in den Frust hinein ein helles Klingeln. Es ist Dienstag, und der reizende, junge Nachhilfelehrer steht vor der Tür. Er strahlt und sagt, wie bezaubernd Sie heute aussehen. Mehr davon! Seitensprung.
Sie neigen besonders dann zum Seitensprung, wenn Ihr Selbstwertgefühl den Bach hinuntergeht. Wenn Sie unzufrieden sind und sich fragen, wofür Sie sich eigentlich so anstrengen. Wenn der Ehetrott groß ist und Ihr Liebster schon lange die Zähne nicht mehr zu einem »Ich liebe dich« auseinanderbekommt. Sie möchten sich begehrt fühlen, weil Sie sich unbewußt Ihrer Attraktivität, Ihres

Wertes nicht sicher sind. Nur solange Sie das Glitzern in seinen Augen sehen, haben Sie die Gewißheit, liebenswert zu sein. Kurz: Sie sind von seiner Aufmerksamkeit abhängig. Kommt's zum Seitensprung, könnte es Ihnen mit Ihrem Lover genauso gehen. Und dann dehnt sich das Ganze zur Langzeit-Affäre aus. Wobei gerade bei Ihnen die Gefahr besteht, dann unter Schuldgefühlen zu leiden, da Sie im Grunde nicht zu Ihrem Doppelleben stehen, sondern sich eher hineingedrängt fühlen.

B/D = Revanche-Gefühle
Typisch: Die Stunde des langjährigen Verehrers
Alles scheint in Ordnung, auch die Beziehung. Bis er unverhofft eine Affäre mit der Sekretärin seines Anwalts gesteht. Während er zerknirscht auf Vergebung wartet, führen Ihre Besorgungen Sie, welch ein Zufall, in die Nähe von Rudis Wohnung. Rudi, seines Zeichens alter Freund und nie erhörter Dauerverehrer. Ob er da ist? Ich wollte mich doch immer schon mal melden. Eine gute Gelegenheit, mal auf einen Sprung hereinzuschauen. Seitensprung. Von sich aus würden Sie Ihrem Partner die Treue halten. Doch wenn er in fremde Betten steigt, dann ist Ihre Empörung enorm. Nur ein Weg scheint Ihnen dann angebracht: Auge um Auge, Akt um Akt. Daß es Ihnen schwerfällt, Ihre Wut auf anderem Wege zu zeigen, ist offensichtlich. Was

möglicherweise wie ein selbstbewußter Gegenschlag wirkt, ist im Grunde ein harter Kampf, um das eigene Gleichgewicht wieder zu erlangen. Es ist ein Kampf um Ihre Unabhängigkeit. Weshalb der auserwählte Liebhaber auch oft relativ unwichtig und im Grunde nebensächlich ist. Denn wäre er wichtig, wäre Ihre Unabhängigkeit ja gleich wieder bedroht.
Zum gleichen Seitensprung-Verhalten kann es auch kommen, wenn Ihre Unabhängigkeit dadurch in Gefahr gerät, daß Sie jemanden zu sehr brauchen. Dann treibt Sie die Angst vor Bindung in fremde Arme. Gerade diese Seitensprünge sind schwer verständlich. Sowohl für den Partner als auch für Sie selbst. Denn sie ereignen sich ja genau dann, wenn wirklich alles gut zu werden scheint.

A/D = Ventil-Funktion
Typisch: Die verwandte Seele
Für Ihre Beziehung haben Sie den Beruf aufgegeben, sind in eine langweilige Vorortsiedlung gezogen, haben Ihre eigenen Ansprüche weitgehend heruntergeschraubt – und jahrelang war das völlig in Ordnung für Sie. Bis Sie auf dem Elternabend mit dem alleinerziehenden Vater von Felix in den Beirat gewählt werden. Sie haben so viele Gemeinsamkeiten – kein Wunder, daß sie gern mit ihm zusammenarbeiten ... sagen Sie. Seitensprung.
Wenn Sie sich auf einen anderen Mann einlassen, dann bildet das

vermutlich nur den Schlußpunkt einer langen Entwicklung. Und möglicherweise den Beginn eines langen Doppellebens. Sie haben Ihr partnerschaftliches Leben eng werden lassen, haben Ihre Gefühle und Bedürfnisse für sich behalten. Sich angepaßt in der Meinung, befriedigender könne es nun mal nicht sein.

Unbewußt fürchten Sie, Ihre Ansprüche würden den Partner dazu bringen, Sie zu verlassen. Also halten Sie sich zurück, emotional und sexuell. Irgendwann aber brauchen Sie immer dringender ein Ventil, um Ihrem inneren Druck noch standhalten zu können. Dann wird aus einem netten Flirt leicht ein Seitensprung. Ein wöchentlicher Zwei-Stunden-Ausflug in die Freiheit, der das Alltagsallerlei versüßt. Ein Seitensprung, der paradoxerweise der Partnerschaft guttut.

In gewisser Weise ist eine vom Alltagsstreß unbelastete sexuelle Beziehung eine wunderbare Sache. Hier Lust und Sex, zu Hause Nähe und Sicherheit. Aber auch Schuldgefühle und doppelte Ansprüche verursachen Streß. Und die Möglichkeit, jeweils auf die andere Beziehung auszuweichen, sich auf keine ganz einlassen zu müssen.

Partnerschaft

Ist das gewisse Kribbeln noch da?

Erotische Anziehung ist das Salz in der Suppe einer Partnerschaft. Unsere Partnerwahl wird sehr stark davon bestimmt, wie stark es kribbelt und ob die Schmetterlinge im Bauch wild durcheinanderflattern. Wir warten auf den Funken, der überspringt. Diesen Funken schlägt die erotische Spannung. Nicht immer überlebt die unbezähmbare Erotik den zahmen Alltagstrott: Entweder es sprühen zwar die Funken, aber das gemeinsame Leben ist völlig unbefriedigend. Oder das tägliche Allerlei läßt keinen Platz mehr für spontane Leidenschaft. Nicht selten vermengen sich Erotik und Alltag zu einem undefinierbaren Brei der Unzufriedenheit. Es ist also wichtig, dem Kribbeln auf der Spur zu bleiben. Meist bringt es erheblich mehr, die Konflikte aus dem Weg zu räumen, die die erotische Spannung dämpfen, als die Beziehung aufzugeben, weil das gewisse Kribbeln nicht mehr spürbar ist. Zu diesem Test sollten Sie auch Ihren Partner überreden. Denn auch wenn nur bei einem von Ihnen beiden die Aufregung am Miteinander verlorengegangen ist, gibt Ihnen das wichtige Hinweise auf ungeklärte Gefühle.

Tragen Sie in jedes der folgenden Antwortkästchen die Zahl ein, die Ihrem Grad an Zustimmung entspricht:

stimme sehr zu	4
stimme etwas zu	3
bin unentschieden	2
stimme wenig zu	1
stimme gar nicht zu	0

*Wir wollen niemals
auseinandergehen ...*
(Heidi Brühl)

▶ Ich möchte mit ihm/ihr
gemeinsam alt werden.

▶ Seine/ihre Meinung
ist mir sehr wichtig.

*Ich glaub an dich! – Mir dies
Gefühl zu rauben, vermag die Zeit
nicht, nicht der Neid der Welt.*
(Theodor Körner)

▶ Ich würde ihn/sie
immer anderen gegenüber
verteidigen.

▶ Es ist mir sehr wichtig,
daß er/sie gut findet, was
ich tue.

*An dem seligen Glanz deines
Leibes zündet mein Herz seine
Himmel an.*
(Else Lasker-Schüler)

▶ Wenn wir miteinander
schlafen, dann ist es mehr
für mich als nur befriedigender Sex.

*Ich fürchte mich nicht.
Ich fürchte mich, wenn deine
kühlen Lippen schweigen.*
(Ivan Goll)

▶ Ich möchte eigentlich
immer wissen, was er/sie
über mich denkt und fühlt.

▶ Wenn es ihm/ihr
schlechtgeht, tue ich alles,
damit er/sie sich wieder
wohl fühlt.

▶ Ich bin und war immer
bereit, ihm/ihr zu verzeihen,
auch wenn er/sie mich gerade
sehr verletzt hat.

▶ Manchmal mache ich
ihm/ihr ganz spontan ein
Geschenk.

▶ Wenn wir voneinander
getrennt sind, habe ich meistens
ziemliche Sehnsucht.

▶ Wenn wir uns in die Augen
schauen, spüre ich die tiefe
Verbindung zwischen uns.

▶ Ich müßte endlos lange
suchen, bis ich wieder jemanden
finden würde, der/die mir so
viel gibt und mich so gut
versteht wie er/sie.

▶ Wir können immer über
alles miteinander reden.

▶ Ich respektiere ihn/sie auch
in seinen/ihren Macken.

▶ Wenn er/sie mich um einen Gefallen bittet, dann erfülle ich diesen Wunsch gern.

▶ Wir haben mehr gemeinsame Pläne als Zeit, sie zu verwirklichen.

▶ Er/sie ist ein wunderbarer Mensch.

▶ In seiner/ihrer Nähe erlebe ich oft ein ganz besonderes, »unbeschreibliches« Körpergefühl.

Ich hab' heute nichts versäumt, ich hab' nur von dir geträumt (Nena)

▶ Für mich gibt es kaum etwas Wichtigeres, als mit ihm/ihr zu leben.

Wir saßen ganz verschwiegen mit innigem Vergnügen, das Herz kaum merklich schlug. Was sollten wir auch sagen? Was konnten wir uns fragen? Wir wußten ja genug. (Ludwig Uhland)

▶ Ich will oft einfach mit ihm/ihr zusammen sein, ohne daß wir etwas Großartiges unternehmen.

▶ Im Grunde wünsche ich mir, daß er/sie mich ganz und gar großartig findet.

▶ Wenn Spannung zwischen uns herrscht, kann ich mich kaum auf etwas anderes wirklich konzentrieren, bis wir uns wieder verstehen.

Willst du mit mir gehen, wenn mein Weg ins Dunkel führt? (Daliah Lavi)

▶ Ich bin bereit, mich durch jede Beziehungskrise hindurchzukämpfen.

▶ Ich liebe es, ihn/sie zu berühren.

Daß du mich liebst, macht mich mir wert, dein Blick hat mich vor mir verklärt, du hebst mich liebend über mich, mein guter Geist, mein beßres Ich! (Friedrich Rückert)

▶ Wenn es gut zwischen uns ist, gibt mir das ein Gefühl von Zufriedenheit und Ausgefülltsein.

▶ Schon in unserer ersten Begegnung lag etwas Besonderes.

▶ Ich wünsche mir, seinem/ihrem Innersten möglichst nahe zu sein.

▶ Ich suche keinen Traummann/keine Traumfrau mehr.

▶ Mit ihm/ihr könnte
ich die berühmten Pferde
stehlen.

▶ Ich bin manchmal sehr
eifersüchtig auf ihn/sie.

▶ Mich macht oft allein
schon die Tatsache glücklich,
mit ihm/ihr gemeinsam
etwas zu tun.

▶ In manchem habe ich
mich bemüht, mein Verhalten
zu ändern, um ihm/ihr
entgegenzukommen.

▶ Wir sind wie füreinander
geschaffen.

*Ich bin bei dir, du seist mir auch
noch so ferne,
Du bist mir nah!*
(Johann Wolfgang von Goethe)

▶ Zwischen uns schwingt
mehr, als man mit Worten
erklären kann.

▶ Oft ist es schön, einfach
für ihn/sie da zu sein.

▶ Ich freue mich sehr,
wenn er/sie etwas speziell
für mich tut.

▶ In schwierigen Situationen
hilft es mir oft schon zu wissen,
daß es ihn/sie gibt.

Auswertung

Zählen Sie Ihre Punkte zusammen, und tragen Sie die Gesamtzahl hier ein.

Wenn Ihre Punktzahl im Bereich von **110 – 148 Punkten** liegt, dann sind die Schwingungen zwischen Ihnen stark genug, um immer wieder Einklang herzustellen. Kein Streß und kein langweiliger Alltag läßt bei Ihnen Zweifel an Ihrem Gefühl der Verbundenheit aufkommen. Doch halt! Wie lange sind Sie schon ein Paar? Denn wer frisch verliebt ist, sieht bekanntlich weder den Partner/die Partnerin noch die Beziehung besonders klar. Es werden in erster Linie die bunten Bilder des eigenen Wunschfilmes abgespult, und der wirkliche Charakter der anderen Person wird leicht übersehen. Trotzdem: ein herrlicher Zustand! Wenn Sie beide schon eine ganze Weile zusammen sind, können Sie zufrieden feststellen, daß in Ihrem Miteinander erotische und romantische Gefühle nicht von der Gewohnheit verschlissen worden sind. Und auch in Zukunft dafür sorgen, daß das noch lange so bleibt.

Bei **90 – 110 Punkten** wünschen Sie sich womöglich manchmal in die erste Zeit Ihrer Beziehung zurück. Die gegenseitige Anziehung ist nach wie vor vorhanden, aber nicht mehr so mitreißend. Das mag daran liegen, daß Sie in Ihrer unbewußten Phantasie von einem Hollywood-Märchen oder einem endlosen Spaziergang über ewig duftende Sommerwiesen träumen und das wirkliche Leben daran messen. Auch wenn die erotische Spannung nicht mehr so stark ist, wie Sie es sich vielleicht wünschen: Die Kraft, die Sie verbindet, genügt, um zu einer glücklichen Partnerschaft zu gelangen. Finden Sie heraus, was Sie dazu beitragen können. Oft liegt es an mangelnder Kommunikation, fehlender Toleranz oder vernachlässigter Fürsorge dem Partner/der Partnerin gegenüber, wenn Alltag und Gewohnheit im Begriff sind, Erotik und Romantik zu verdrängen.

Bei **weniger als 90 Punkten** ist die erotische Anziehung möglicherweise so schwach geworden, daß eine Liebesbeziehung ohne ein wenig Selbsttäuschung schwer aufrechtzuerhalten ist. Doch auch als »gute Freunde« zusammenzuleben, kann zeitweise eine wünschenswerte und sinnvolle Lebensform sein. Aber vielen schmeckt Liebe ohne Romantik wie Suppe ohne Salz: nahrhaft, aber fad. Das kann dazu führen, daß eine/r der beiden sich nach anderen, anre-

genderen Genüssen umschaut ...
Versuchen Sie herauszufinden, was
zum Rückgang der wechselseitigen
Anziehung geführt hat. Man kann
zwar Gefühle nicht erzwingen,
aber doch einiges dafür tun, daß
die Erotik im Alltagstrott nicht
völlig untergeht.

Ein Unterschied von 20 Punkten
und mehr zwischen Ihrem Ergebnis und dem Ihres Partners/Ihrer
Partnerin läßt darauf schließen,
daß die erotische Anziehung unterschiedlich stark empfunden wird.
Der-/diejenige, der/die sich stärker
angezogen fühlt, sucht dann vermutlich vermehrt Zuneigung und
Verläßlichkeit. Bei dem/der anderen löst das leicht Schuldgefühle
aus. Dabei spielt eine große Rolle,

welchen Stellenwert Erotik und
Spannung für das eigene Erleben
haben. Oder ob Sie oder Ihr Part-
ner/Ihre Partnerin diesen Gefühlen
nicht mehr so viel Gewicht beimes-
sen, wie Sie es früher getan haben?
Überlegen Sie, warum das so ist –
und ob Sie zufrieden sind.

**Bedenken Sie bei dieser Auswer-
tung** bitte, daß die romantische,
die erotische Anziehung nur ein
Teilaspekt einer befriedigenden
Liebesbeziehung ist. Eine niedrige
Punktzahl oder eine große Diffe-
renz in den Ergebnissen der PartnerInnen ist also noch kein Grund,
gleich aufzugeben – ebensowenig
wie eine hohe und gleiche Punktzahl garantiert, daß immer eitel
Sonnenschein herrscht.

Was tun Sie, damit die Liebe bleibt?

*Die große Liebe ist eine Erfindung mittelalterlicher
Troubadoure. Sie erkoren ein Burgfräulein und
schmachteten es an. (Übrigens: meist nur das ...)
Die Minnesänger verschwanden, aber die Sehnsucht
nach der romantischen Liebe ist geblieben.
Und weil wir uns nicht mit verzehrenden Blicken
begnügen, haben wir's doppelt schwer:
Die Liebe soll auch den Alltag überleben. Erst im
Zusammenleben zeigt sich, wer ein guter Liebhaber
oder eine gute Liebhaberin ist. Mit der
Beherrschung sexueller Techniken hat das nichts zu
tun. Der Psychoanalytiker Erich Fromm
beschreibt in seinem Buch »Die Kunst des
Liebens«, worauf es statt dessen ankommt: auf
gegenseitige Achtung, Aufmerksamkeit und
Fürsorglichkeit zum Beispiel. Hier können Sie
herausfinden, wie es bei Ihnen damit steht.*

Kreuzen Sie die Aussagen an, die auf Sie zutreffen. Wenn Ihr Partner/Ihre Partnerin auch mitmachen will, benutzen Sie verschiedenfarbige Stifte, oder notieren Sie auf einem Blatt Papier, wie oft Sie A, B, C oder D ankreuzen. Sind Sie zur Zeit allein, denken Sie beim Ausfüllen an Ihre letzte Liebesbeziehung. Erinnern Sie sich …

Im letzten Jahr …

▶ … haben Sie den Tag Ihrer ersten Begegnung oder einen anderen gemeinsamen Erinnerungstag gefeiert. ☐ B

▶ … haben Sie für ein Wochenende nur zu zweit gesorgt. ☐ B

▶ … haben Sie beim Sex etwas Neues ausprobiert. ☐ B

▶ … sind Sie sooft wie möglich zu Hause geblieben, als er/sie krank war. ☐ A

▶ … haben Sie seine/ihre beruflichen Erfolge gemeinsam gefeiert. ☐ A

▶ … haben Sie größere Anschaffungen oder Veränderungen in der Wohnung vorher abgesprochen. ☐ C

▶ … haben Sie sich ziemlich regelmäßig fit gehalten. ☐ D

▶ … haben Sie dafür gesorgt, daß Sie Zeit für Ihre eigenen Interessen oder Hobbys hatten. ☐ D

▶ … haben Sie mit ihm/ihr über Probleme bei der Kindererziehung oder im Freundeskreis gesprochen. ☐ C

▶ … haben Sie nur selten oder nur mäßig Alkohol getrunken. ☐ D

Im letzten Monat …

▶ … haben Sie ihm/ihr freiwillig Pflichten abgenommen, damit er/sie Zeit für eigene Interessen hatte. ☐ A

▶ … haben Sie zu einer ungewöhnlichen Zeit miteinander geschlafen. ☐ B

▶ … haben Sie sich mit ihm/ihr ausführlich über Ihre Einstellung zum Leben und zum Tod unterhalten. ☐ C

▶ … haben Sie Artikel oder Bücher zum Thema Partnerschaft oder Psychologie gelesen. ☐ D

▶ ... haben Sie ihn/sie mit einem besonderen Essen oder einer Einladung überrascht.   B

▶ ... haben Sie ihn/sie mit einem Geschenk außer der Reihe überrascht.   B

▶ ... haben Sie nach einem Streit die Versöhnung eingeleitet.   C

▶ ... haben Sie mit einer Freundin oder einem Freund ein ehrliches Gespräch über Ihre Partnerbeziehung geführt.   D

▶ ... haben Sie gesagt, daß es Sie freut, wenn er/sie sich mal richtig ausruht.   A

▶ ... haben Sie ihn/sie ganz spontan angerufen, nur um mal »Hallo« zu sagen.   B

In der letzten Woche ...

▶ ... haben Sie angerufen, als Sie merkten, daß Sie sich verspäten würden.   A

▶ ... haben Sie ein paar ungestörte Stunden mit ihm/ihr fest eingeplant.   B

▶ ... haben Sie einmal Zeit ganz für sich gehabt.   D

▶ ... haben Sie »dicke Luft« bereinigt, indem Sie ein Gespräch begonnen haben.   C

▶ ... haben Sie sich allein mit FreundInnen oder KollegInnen verabredet.   D

▶ ... haben Sie ihm/ihr von dem Buch erzählt, das Sie gerade lasen.   D

▶ ... haben Sie ihn/sie auf der Straße umarmt oder in den Arm genommen.   B

▶ ... haben Sie darauf geachtet, daß er/sie sich gesund ernährt.   A

▶ ... haben Sie ihm/ihr gesagt: »Ich liebe dich!«   B

▶ ... haben Sie sich für einen Fehler oder ein Versehen bei ihm/ihr entschuldigt.   C

Gestern oder heute ...

▶ ... haben Sie ihn/sie beim Essen gefragt, was er/sie am Tag erlebt hat.   C

▶ ... haben Sie ihn/sie spontan umarmt oder geküßt.   B

▶ … haben Sie sich zu Hause genauso hübsch zurechtgemacht wie fürs Ausgehen. ☐ D

▶ … haben Sie gewußt, was ihn/sie im Job für Arbeit erwartet. ☐ C

▶ … haben Sie ihm/ihr lang und tief in die Augen geschaut. ☐ B

▶ … haben Sie sich bewußt entspannt oder meditiert. ☐ D

▶ … haben Sie gefragt, wie er/sie geschlafen hat, und sich gegebenenfalls den Traum erzählen lassen. ☐ A

▶ … haben Sie ihm/ihr für etwas gedankt. ☐ C

▶ … haben Sie ihm/ihr ein Kompliment gemacht. ☐ C

Und überhaupt …

Kreuzen Sie an, was Sie bejahen können.

▶ Fällt Ihnen innerhalb von 10 Sekunden ein, was Sie tun könnten, um ihm/ihr eine Freude zu machen? ☐ A

▶ Können Sie innerhalb von 30 Sekunden drei Eigenschaften aufzählen, die Ihren Partner/Ihre Partnerin an Ihnen nerven? ☐ D

▶ Wissen Sie, was ihn/sie zur Zeit am meisten bedrückt? Sie haben wieder 30 Sekunden Zeit. ☐ A

▶ Wissen Sie, welche Freizeitbeschäftigung bei ihm/ihr gerade »in« oder »out« ist? ☐ C

▶ Wissen Sie, welche Kleidung er/sie gerade am liebsten an Ihnen mag? ☐ A

▶ Kennen Sie seine/ihre Gefühle in punkto Treue, und halten Sie sich daran? ☐ C

▶ Können Sie in 30 Sekunden zwei Wesenszüge nennen, die Ihr Partner und Ihr Vater bzw. Ihre Partnerin und Ihre Mutter gemeinsam haben? ☐ D

▶ Lassen Sie ihn schlafen, wenn Sie nachts wach liegen? ☐ A

▶ Fällt Ihnen innerhalb von 20 Sekunden ein, wohin er/sie am liebsten verreisen möchte? ☐ C

▶ Wechseln Sie sich
mit dem Frühstück-
machen ab? ☐ B

▶ Schreiben Sie kleine
Zettelchen, wenn Sie aus
dem Haus gehen und
ihn/sie nicht erreichen
können? ☐ A

▶ Können Sie spontan
sagen, was Sie als Kind
bei Ihrer Mutter
vermißt haben? ☐ D

▶ Fallen Ihnen auf
Anhieb fünf gute
Eigenschaften von
ihm/ihr ein? ☐ B

Auswertung

A 1 2 3 4 5 6 7 8 9 10 11 12 13

B 1 2 3 4 5 6 7 8 9 10 11 12 13

C 1 2 3 4 5 6 7 8 9 10 11 12 13

D 1 2 3 4 5 6 7 8 9 10 11 12 13

Zählen Sie zusammen, wie häufig Sie A, B, C oder D angekreuzt haben. Geben Sie sich für jedes Kreuzchen einen Punkt. Tragen Sie Ihre Punktzahl hier oben ein. Sie können pro Buchstabe maximal 13 Punkte bekommen. Jeder Buchstabe steht für einen Bereich, der für die »Kunst des Liebens« wichtig ist. Je dunkler der Untergrund bei der angekreuzten Punktzahl, desto mehr tun Sie in diesem Bereich. Hier die Erklärungen:

A: Fürsorglichkeit
Wer dafür sorgt, daß es dem/der anderen gutgeht, zeigt einen gesunden Egoismus. Denn ein zufriedenes Gegenüber wirkt sich positiv auf uns selbst aus. Aber Fürsorge kostet Mühe, denn oft heißt das, auf eigene Interessen zu verzichten und Arbeit oder Verantwortung zu übernehmen. Sie verlangt ein Stück Selbstlosigkeit, eine Art Mutterliebe, die gibt und gewährt, ohne zu fragen, was sie dafür zurückbekommt. Diesen Aspekt der Liebe hat fast jeder Mensch als Kind

erfahren – mehr oder weniger stark. Wenn Sie hier eine niedrige Punktzahl haben, hat es vielleicht damit zu tun, daß es in Ihrer Kindheit eher weniger war und Sie deshalb fürsorgliches Miteinander-Umgehen nicht selbstverständlich finden. Es kann aber auch sein, daß Sie Ihrem Partner/Ihrer Partnerin Ihre Unterstützung entziehen, weil ein Machtkampf zwischen Ihnen schwelt oder der/die andere Sie in Ihren Erwartungen enttäuscht hat. Bei einer sehr hohen Punktzahl hier zusammen mit eher hohen oder mittleren Zahlen in den anderen Bereichen können Sie sich gratulieren: Sie tun eine Menge, um die Liebe am Leben zu erhalten. Wenn Sie allerdings in allen anderen Bereichen sehr niedrige Zahlen haben: Vorsicht! Dann sind Sie in Ihrer Liebesbeziehung mehr Mutter als Frau bzw. mehr Vater als Mann. Wer Nähe und Zuneigung nur durch Verwöhnen und Bemuttern erreichen will, erzeugt leicht unterschwellige Aggressionen bei beiden Beteiligten.

B: Achtung
Für frisch Verliebte ist jeder Gedanke und jede Geste des/der anderen eine Offenbarung. Doch im täglichen Allerlei nutzt sich diese Magie ab, wenn man nichts

dagegen tut. Da der Mensch ein Gewohnheitstier ist, besteht die Kunst darin, im Alltagstrott die Achtung vor dem/der anderen zu erhalten, ihn/sie »in seiner/ihrer Einzigartigkeit zu fördern und wahrzunehmen«, wie Erich Fromm es ausdrückt. »Liebeskünstlerinnen« verstehen es, Löcher in den Alltag zu bohren, durch die der/die Angebetete der ersten Zeit wieder sichtbar wird. Sie sorgen für gemeinsame Freizeit, für Gespräche »außer der Reihe« und zeigen ihre Gefühle in kleinen, spontanen Handlungen. Wer seinen Partner/seine Partnerin nur noch als im Morgennebel verschwindendes Auto wahrnimmt und nicht mehr merkt, welche Stimmung gerade angesagt ist, sollte stutzig werden. So bequem Selbstverständlichkeit auch ist – sie zerstört das Besondere und Einzigartige, das die Liebe kennzeichnet. Je deutlicher ein Partner/eine Partnerin spürt, daß er/sie immer etwas Besonderes für das Gegenüber ist, desto stärker wird das Selbstbewußtsein steigen und desto attraktiver wird der/die andere ihn/sie finden. Eine – erfreuliche – Kette ohne Ende.

C: Verständigung

Wir leben im Zeitalter der Information, aber das hat sich leider noch nicht bis in jede Partnerschaft herumgesprochen. Ab- und Aussprachen, Diskussionen und selbst alltägliches Geplauder über den griesgrämigen Kollegen oder die steigenden Paprika-Preise halten den Beziehungsfluß in Gang. Wenn beide ihre Meinungen und Gefühle offen äußern und das gemeinsame Gespräch selbstverständlich ist, läßt sich manche Krise schon im Ansatz bewältigen. Eine Beziehung besteht nicht aus zwei durch irgendeine Magie fest miteinander verbundenen Partnern, sondern ist ein hochkompliziertes Mit-, Neben-, Über-, Unter- und Durcheinander zweier Menschen, das sich ständig verändert. Durch Gespräche und Abmachungen kann man immer wieder Vertrauen schaffen, sich gegenseitig auf dem »laufenden« halten. Die Beziehung verändert sich, ohne daß die Partner sich dabei auseinanderleben.

Wenn in Ihrer Beziehung der Dialog ins Stocken geraten ist, warten Sie nicht darauf, daß der Partner oder die Partnerin ihn wieder aufnimmt. Nehmen Sie sich bewußt Zeit für ein Gespräch. Beginnen Sie einfach mit dem, was Sie im Augenblick bewegt. Falscher Stolz ist nicht angebracht, denn es ist kein Zeichen von Schwäche, sondern von Stärke, wenn man etwas aktiv verändern will. Wenn Sie allerdings das Gefühl haben, daß Sie in endlosen Diskussionen aneinander vorbeireden, brauchen Sie eine/n »Dolmetscher/in«, einen guten Freund/eine gute Freundin oder eine/n Ehe-Experten/in, die klären helfen, warum das so ist und was Sie dagegen tun können.

D: Selbstverwirklichung

Die meisten Menschen möchten PartnerInnen, die weitgestreute Interessen haben und Anregungen in die Beziehung tragen – das ergaben viele psychologische Untersuchungen. Attraktiv zu bleiben, hat also nicht nur etwas mit Äußerlichkeiten zu tun. Ob wir aus unserem Inneren »mehr machen« oder uns gehenlassen, ist mindestens ebenso wichtig. Neue Fähigkeiten zu erwerben, neue Erfahrungen zu machen und Interessen zu entwickeln oder zu vertiefen, bringt Schwung in die Beziehung. Leider wird häufig die Auseinandersetzung mit den eigenen Gefühlen zu den Akten gelegt, sobald man sich »erwachsen« fühlt. Doch nur wer sich selbst sieht, kann auch andere sehen, und nur wer für sich selbst gut sorgt, kann auch für andere sorgen.

Wenn Sie hier mit Ihrer Punktzahl im unteren Bereich liegen, haben Sie Ihre eigenen Interessen und Bedürfnisse zu kurz kommen lassen. Wer ganz in der Beziehung aufgeht und dabei seine Eigenständigkeit vernachlässigt, fördert Langeweile und Überdruß. Der arabische Dichter Khalil Gibran hat dafür ein schönes Bild gefunden: Eine Beziehung ist wie ein Hausdach, das auf zwei Säulen ruht. Wenn die Säulen zu dicht oder zu weit auseinanderstehen, fällt das Dach in sich zusammen.

Wie gut kennen Sie Ihren Partner?

»Keiner kennt ihn so gut wie ich«, sagen Sie. Hier haben Sie Gelegenheit, Ihr Wissen auf die Probe zu stellen. Ist Ihr Lebensgefährte, Ihr Partner, ein Mann, der sich immer stark macht? Oder einer, der auch mal klein beigibt? Wie sehen Sie ihn, wie sieht er sich? In welche Höhe sein Blutdruck bei einem Fußball-Endspiel schnellt – das können Sie sich vorstellen. Und Sie wissen auch, wie souverän oder genervt er ein besetztes Restaurant verläßt. Doch wie verhält er sich in anderen Situationen, in denen man nicht überlegen kann, sondern aus dem Bauch heraus reagieren muß? Was glauben Sie – wird er bei diesem Spiel mitspielen? (Erste Testfrage, ob Sie ihn richtig einschätzen ...) Denn ohne ihn geht es nicht (so gut). Dieses Psycho-Spiel bringt am meisten Spaß und Einsicht, wenn zuerst Sie die Fragen beantworten und dann er, möglichst jede(r) auf einem Extrazettel, und wenn Sie Ihre Antworten anschließend miteinander vergleichen.

So wird's gemacht: Alle Fragen haben vier Antwort-Möglichkeiten, die von 1 bis 4 numeriert sind. Haben Sie und Ihr Partner auf dieselbe Antwort getippt, schauen Sie hinterher unter ⊟ nach.
Liegen Sie mit Ihrer Antwort zahlenmäßig unter seiner, gilt ⊟.
Haben Sie ihn »höher« eingeschätzt, dann gilt ⊞. Hinter jeder Testfrage wird also, Ihren Antworten entsprechend, Ihre Einstellung zu Ihrem Partner aufgeschlüsselt. Das könnte Ihnen von Fall zu Fall schon mal die Augen öffnen!

Zum Schluß zählen Sie alle Ihre ⊟, ⊟ und ⊞ zusammen. Welches Symbol hat sich bei Ihnen am häufigsten ergeben? Schauen Sie unter »Ihrem« Zeichen nach. Dort finden Sie eine zusammenfassende Auswertung.

▶ Ihm fällt ganz plötzlich – und etwas zu spät – eine wichtige auswärtige Verabredung ein. Er rast aus dem Haus und setzt sich ins Auto. Das springt aber nicht an, und er muß ein Taxi zum Bahnhof nehmen. Dort spurtet er zum Zug, der fährt auch sofort ab. Aber in diesem Augenblick sieht er den Zug, in dem er eigentlich sitzen müßte, auf dem gegenüberliegenden Gleis stehen.

Er resigniert und bestellt sich im Zugrestaurant einen kräftigen Drink. ☐ 4

Er sucht hektisch nach dem Zugführer und versucht zu klären, was er per Telefon oder auf der nächsten Station noch unternehmen kann. ☐ 3

Er rennt aus dem Abteil, drückt die Tür auf und springt aus dem nun schon ziemlich schnell fahrenden Zug. ☐ 2

Er zieht die Notbremse und sprintet über den Bahnsteig zum gerade anfahrenden richtigen Zug.   [1]

☰   Wenn es zügig gehen soll, dann sitzen Sie im gleichen Boot. Sie kennen seine Entschlußkraft oder wissen; ob es ihm eventuell daran mangelt.   [   ]

⊟   Es scheint, als setzten Sie noch Hoffnung in seine Kämpfernatur, wo er längst aufgegeben hat. Oder ist hier der Wunsch der Vater Ihrer Gedanken?   [   ]

⊞   Entschließen Sie sich, mehr von seiner Entschlußkraft zu halten. Sie trauen ihm offensichtlich etwas zu wenig zu.   [   ]

▶ Er kauft sich ein Sakko auf dem Flohmarkt, zieht es gleich an und entdeckt beim Weiterschlendern, daß ein Hundertmarkschein in der Tasche steckt.

Er geht zum Händler/zur Händlerin und gibt den Hundertmarkschein zurück.   [4]

Er geht zurück zum Stand und fragt vorsichtig, wem das Sakko vorher gehört habe.   [3]

Er behält das Geld, als er erfährt, daß es nicht dem Händler/der Händlerin gehörte und diese/r den Vorbesitzer auch nicht kennt.   [2]

Er fühlt sich nicht ganz wohl mit dem Geld und beschließt, es einem gemeinnützigen Zweck zu spenden. Er freut sich und genießt das Gefühl, das beste Schnäppchen seit langer Zeit gemacht zu haben.   [1]

▣ Sie laufen kaum Gefahr, den Wolf im Schafspelz mit dem Unschuldslamm zu verwechseln. Denn Sie wissen, wann sich sein Gewissen meldet.

▭ Hier scheint er eine viel ehrlichere Haut zu Markte zu tragen, als Sie vermuten. Sollten Sie in diesem Falle zu sehr von sich auf ihn schließen?

⊞ So weiß und unbefleckt, wie Sie vielleicht glauben, versucht er seine Weste gar nicht zu halten. Ob das nur die materiellen Dinge anbelangt oder auch das Verhältnis zu Ihnen?

▶ Ihm sind beim Baden im Baggersee sämtliche Klamotten geklaut worden. Glücklicherweise hat er im unverschlossenen Kofferraum noch einen Autoschlüssel. Aber das ist auch schon sein einziges Kleidungsstück ...

Er fährt bis vor die nächste abgelegene Telefonzelle, läßt sich möglichst unauffällig hineingleiten und bittet Freunde, ihm Kleidung zu bringen. Falls er im Auto keine Parkgroschen zum Telefonieren gefunden hat, ruft er über Notruf die Polizei zu Hilfe. 4

Er wartet versteckt, bis es dunkel geworden ist, und schleicht sich im Schutz der Dunkelheit unbemerkt nach Hause. 3

Er fährt, die Einblickmöglichkeiten von Bus- und Lkw-FahrerInnen möglichst meidend, nach Hause, parkt vorm Haus und sprintet dann wie ein Flitzer zur Tür. 2

Er fährt ganz normal nach
Hause, parkt, steigt aus
und marschiert splitter-
nackt in die Wohnung,
als sei gar nichts los. ☐ 1

▤ Sie verstehen, wie
nackt er sich fühlt, wenn
er es ist. Seine Scham-
grenzen sind Ihnen
absolut vertraut. ☐

▭ Er hat mehr Scham-
gefühl, als Sie annehmen.
Dafür brauchen Sie sich
aber nicht zu schämen,
denn vielleicht möchten
Sie nur, daß er insgesamt
mehr dazu steht, wie er
nun einmal ist. ☐

⊞ Sie halten ihn für
prüder, als er ist.
Was die interessante
Frage aufwirft: Wie
kommen Sie darauf? ☐

▶ Er ist bei entfernten Bekannten
zum Essen eingeladen. Als er beim
Hauptgericht ganz sanft die Filet-
spitzen zerteilt, zeigt sich plötzlich
ein langer Sprung auf dem edlen
Porzellanteller.

Er ißt sehr vorsichtig
weiter, verzichtet auf
einen Nachschlag und
versucht dafür zu sorgen,
daß der Teller, ohne daß
jemand was merkt,
die Küche erreicht. ☐ 4

Er entschuldigt sich für
seine Ungeschicklichkeit,
nimmt also die Schuld
auf sich, weil er meint,
daß man ihm die
Wahrheit nicht glauben
würde. ☐ 3

Er ißt sehr vorsichtig
weiter und weist die
Gastgeber nach dem
Essen unauffällig auf
den kaputten Teller hin. ☐ 2

Er macht die Gastgeber
in ruhigem Ton darauf
aufmerksam und bittet
um einen anderen Teller. ☐ 1

≡ Sie wissen, ob er den Weg des geringsten Widerstandes wählt oder sich stark macht. So kommen Sie ihm nicht so leicht in die Quere. ▭

− So forsch, wie Sie ihn vielleicht möchten, sieht er sich gar nicht. Vielleicht braucht er mehr Unterstützung für sein Selbstbewußtsein. ▭

+ Sein Selbstbewußtsein ist wohl größer, als Sie meinen. Oder wollen Sie vielleicht seine Stärke nicht sehen, um selber keine Angst zu bekommen? ▭

▶ Er ist zu einer Beerdigung gegangen. Mitten in der Predigt wird ihm klar, daß er aus irgendeinem Grunde auf der falschen Beerdigung gelandet ist.

Er wendet sich entschuldigend an die Nebenstehenden und geht, um die richtige Trauerfeier zu finden. ▭ 4

Er kann sich vor Kichern kaum halten und verläßt ohne Erklärung fluchtartig die Trauerfeier. ▭ 3

Er verhält sich ruhig und sieht zu, daß er sich mit der Entschuldigung, ihm sei nicht wohl, unauffällig entfernen kann. ▭ 2

Er bleibt auf der Beerdigung, spricht sein Beileid aus und entfernt sich erst, wenn alle anderen auch gehen. ▭ 1

☰ Sie wissen, wann ihm
etwas so peinlich wird,
daß er sich nur noch
verkriechen möchte.
Ob Ihr Wissen für ihn
peinlich werden kann,
liegt an Ihnen.
Sie können es gegen ihn
einsetzen oder ihn
unterstützen.

☐ Taktgefühl hin,
Taktgefühl her. Er ist
wohl mehr Mann, als Sie
denken, wenn es darum
geht, peinliche Situatio-
nen zu bewältigen.

☐ Er besitzt gar nicht
so viel Wurstigkeit,
wie Sie glauben. Sollte
ihm mehr peinlich sein,
als Ihnen lieb ist?

▶ Er wird auf der Straße mit
einem beliebten Fernsehdarsteller
verwechselt und von zwei Fans um
Autogramme und ein gemeinsames
Essen gebeten.

Er klärt den Irrtum
gleich auf und verab-
schiedet sich. ☐ 4

Er spielt erst einen
Augenblick lang mit,
aber dann stellt er sich
mit seinem wirklichen
Namen vor. ☐ 3

Er gibt schmunzelnd die
beiden Autogramme,
lehnt es aber ab, mit
zum Essen zu kommen,
da man ihn im Studio
erwarte. ☐ 2

Er wirft sich mit all seinem Charme in die Rolle als Fernsehstar, genießt das Essen und läßt das ungewöhnliche Abenteuer seinen Lauf nehmen. ☐ 1

▤ Ob er hoch- oder tiefstapelt, Sie wissen, wieviel Show er verträgt. Ihnen kann er nichts vormachen. ☐

▭ Entweder Sie sehen in ihm ein viel größeres Schlitzohr, als er ist. Oder Sie haben recht, und er ist ein solcher Heuchler, daß er sogar eben bei seiner Antwort getrickst hat. ☐

⊞ Er traut sich mehr Draufgängertum zu als Sie ihm. Unterschätzen Sie ihn, und er schmückt sich womöglich auch Ihnen gegenüber mit fremden Federn? ☐

▶ Er sollte die Lotto-Scheine der Wettgemeinschaft seines Büros abgeben. Er hat es vergessen. Und wie es das Schicksal will, hätte die Tipp-Gemeinschaft gerade diesmal 1500 Mark gewonnen.

Er vertuscht seine Schlamperei und hebt das Geld von seinem eigenen Konto ab. ☐ 4

Er schickt den nicht abgegebenen Lotto-Schein mitsamt einer Krankmeldung an seine KollegInnen und läßt sich dort erst wieder blicken, nachdem er mit allen telefoniert hat. ☐ 3

Er erscheint am Montagmorgen mit etlichen Kisten Bier und Sekt und lädt alle ein, sich nach Büroschluß auf seine Kosten sinnlos zu betrinken. ☐ 2

Er geht ins Büro,
gibt seine Schlamperei
zu und bittet alle
gemeinsam um eine
ausführliche Aussprache. ⬜ 1

⊟ Legen Sie Ihr Glück
ruhig in seine Hände.
Denn Sie ahnen, wann
er kneifen wird und
wann er Verantwortung
übernimmt. ⬜

⊟ Hoffen Sie, daß er für
Sie mehr einspringt als
für seine eigenen Belange.
Denn möglicherweise
überschätzen Sie ihn
in punkto Mut ganz
gewaltig, und Sie stehen
irgendwann unverhofft
im Regen. ⬜

⊞ Halten Sie ihn für ein
größeres Hasenherz, als
er tatsächlich ist? Hier
können Sie vielleicht
neues Vertrauen auf-
bauen, denn er fühlt
sich fähig, mehr auszu-
löffeln, als Sie ihm
einzubrocken wagen. ⬜

▶ Er kommt etwas früher nach
Hause als sonst und sieht gerade
noch, wie ein ihm unbekannter
Mann das Haus verläßt, sich prü-
fend umschaut und Jackett und
Haare ordnet. In der Wohnung
angekommen, trifft er Sie an.

Er sagt weiter gar nichts
über seine Beobachtungen,
aber überwacht Sie in
den nächsten Wochen
voller Argwohn. ⬜ 4

Er fragt scheinbar arglos
nach dem Mann,
beobachtet Sie dabei
aber ganz genau. ⬜ 3

Er sagt, welche merk-
würdige Beobachtung
er gemacht hat und daß
es ausgesehen habe, als
hätten Sie einen heim-
lichen Liebhaber. ⬜ 2

Er fragt ohne Hinter-
gedanken und voller
Neugier, wer denn der
Mann gewesen sei. 1

☰ Ihren Liebhaber
würde er nicht so schnell
entdecken. Sie wissen,
was seine Eifersucht
weckt und wie er darauf
reagiert. Entsprechend
leicht könnten Sie ein
Verhältnis verbergen.

☐ Vorsicht: Stille Wasser
sind tief, auch wenn es
um Eifersucht geht. Er
hat vielleicht mehr Angst,
Sie zu verlieren, als Sie
meinen – und er zugibt.

➕ Er ist wohl gar nicht
so eifersüchtig, wie Sie
glauben. Haben Sie soviel
Vertrauen verdient?
Oder ist er so eifersüchtig,
daß er sogar bei dieser
Frage blufft?

▶ Er renoviert das neubezogene
Haus. In einem Wandversteck
entdeckt er ein altes Tagebuch, in
dem erwähnt ist, daß während des
Krieges im Garten wertvoller
Schmuck vergraben wurde.

Er verbrennt das Tage-
buch auf der Stelle,
hat ein paar Alpträume
über gestohlene Kron-
juwelen und vergißt
das Ganze dann. 4

Er packt das Tagebuch
beiseite und beschließt,
es dort bis zum
Rentenalter oder für
schlechtere Zeiten
aufzubewahren. 3

Er versucht, soviel
wie möglich über die
früheren BewohnerInnen
des Hauses, ihren
Verbleib und die
Geschichte von Haus
und Garten
herauszufinden, und
besorgt sich schon mal
einen Metalldetektor. 2

Er behauptet, einen Swimmingpool anlegen zu wollen, und durchwühlt in der nächsten Woche den ganzen Garten. `1`

$=$ Der nächste Goldrausch kann ruhig ausbrechen, denn Sie wissen, wann Ihr Schatz einen Schatz wittert. Ob er cool tut oder cool bleibt, Sie kennen den Abenteurer an Ihrer Seite.

$-$ Taucht am Horizont ein Silberstreif auf, dann blinzelt er nur, während Sie hoffen, daß er die Augen aufreißt. Wie wäre es öfter mal mit einem aufmunternden Stups?

$+$ Ganz so vernünftig, wie Sie meinen, ist er nicht. Er packt auch abenteuerlichere Gelegenheiten am Schopf. Bleibt nur zu hoffen, daß Sie sich darüber nicht in die Haare kriegen.

▶ FreundInnen haben ihn in ein original japanisches Restaurant eingeladen. Schälchen mit Meeresfrüchten und andere, ihm unbekannte exotische Köstlichkeiten werden aufgefahren. Plötzlich macht ihn ein Freund lachend darauf aufmerksam, daß er gerade den Schwamm verspeist, mit dem man sich eigentlich die Finger säubern sollte.

Er legt den Schwamm betreten zur Seite und behauptet, er habe sich auch schon über den seltsamen Geschmack gewundert. `4`

Er spuckt den Schwamm gleich aus und ist ein wenig verärgert, daß ihn niemand rechtzeitig gewarnt hat. `3`

Er bietet seinen NachbarInnen frech auch davon an und reicht das Schwammschälchen weiter. `2`

Er kaut ungerührt weiter, lobt die Geschmacks-komponenten dieser Delikatesse und nimmt etwas Soße dazu. ☐ 1

☐ Humor ist, wenn man trotzdem lacht. Sie lachen nicht, wenn er ihm gerade vergeht. Sie wissen genau, wo bei ihm der Spaß aufhört. ☐

☐ Sie schätzen seine witzige Seite höher ein als er. Sollte dabei vielleicht der unfreiwillige Humor eine Rolle spielen und er gar nicht alles komisch finden, was Sie an ihm manchmal zum Lachen reizt? ☐

☐ Sie erleben ihn nicht so schlagfertig, wie er sich (gern?) sieht. Oder sind Sie nur schon so sehr an seine Art von Humor gewöhnt? ☐

▶ Er trifft sich mit einem neuen Geschäftspartner in einem Restaurant. Ihm fällt schon bei der Begrüßung auf, daß der Gesprächs-partner mit einem offenen Hosen-latz herumläuft, einen knallroten Kußmund auf der Wange und eingetrocknete Zahncreme am Mundwinkel hat.

Er macht sein Gegenüber unmittelbar, nachdem sie sich gesetzt haben, flüsternd darauf aufmerksam. ☐ 4

Er weist den anderen gleich beim Hände-schütteln durch eine witzige Bemerkung darauf hin. ☐ 3

Er muß innerlich grinsen und denkt nicht daran, es seinem Gegenüber mit-zuteilen, denn er fühlt sich ihm durch sein Wissen ein wenig überlegen. ☐ 2

Er hebt sich eine Bemerkung darüber für einen späteren Zeitpunkt auf, um sie dann um so geschickter anzubringen. ⊟ Sie unterstellen ihm einiges an Berechnung. Sofern auch hier wieder keine/r von Ihnen eine berechnende Antwort gegeben hat, können Sie möglicherweise einiges Mißtrauen ausräumen.

⊟ Sie sehen ganz cool, wie cool er sein kann. Seine Hintergedanken bereiten Ihnen wenig Kopfschmerzen, denn Sie schätzen richtig ein, ob er taktieren kann.

⊞ Sie könnten ein wenig mehr auf der Hut sein. Denn er weiß die Schwächen anderer besser zu nutzen, als Sie ihm zutrauen.

Auswertung

Zählen Sie nach, welches Symbol sich für Sie beide am häufigsten ergeben hat.

Sie sind sich einig. Seine Selbsteinschätzung stimmt mit der Sicht, die Sie von ihm haben, weitgehend überein. Da vier Augen ja mehr sehen als zwei, ist er vielleicht richtig erkannt worden. Oder gerade nicht ... Paare schließen oft unbewußte Verträge miteinander ab, bei denen sie sich zur vollsten gegenseitigen Zufriedenheit in die gemeinsame Tasche lügen: Wenn er bereit ist, niemals zu bezweifeln, daß sie ihn braucht, ist sie bereit, nie daran zu zweifeln, daß er alles kann. Um diese gemeinsame Illusion aufrechtzuerhalten, brauchen sie einander, da ja sonst keiner daran glaubt.

Vielleicht gehen Sie die Fragen mit einer nahen Freundin noch einmal durch? Wenn die zu Ihren Antworten häufig bemerkt: »Aber hör mal, das kann ich mir von deinem Mann gar nicht vorstellen!«, dann können Sie möglicherweise um ein paar Illusionen ärmer werden.

Sie sehen zuviel Wildes, Ungestümes in ihm. Er ist vernünftiger, ehrlicher, zurückhaltender und empfindsamer, als Sie meinen. Schön, wenn Sie Ihren Liebsten innerlich so hoch halten. Nicht so schön, wenn Sie ihn idealisieren, ohne es zu bemerken. Dann werden Sie möglicherweise von ihm verlangen, daß er sich Ihren Vorstellungen entsprechend verhält. Wenn er es nicht tut, weil es ihm nicht entspricht, sind Sie natürlich enttäuscht: Ihr Märchenprinz verwandelt sich in einen Frosch! Es ist sicher einfacher für Sie, ein paar Phantasien aufzugeben als den Mann Ihrer Wahl. Denn offensichtlich haben Sie ihn ja auch ohne Supereigenschaften so schätzen gelernt, daß Sie ihn überschätzen ...

+

In ihm steckt viel vom Typ Humphrey Bogart: Er ist cooler, selbstbewußter, abenteuerlustiger, aber auch schamloser und weniger zu beeindrucken, als Sie glauben. Wollen Sie ihn so sehen? Denn wegen seiner Macho-Seiten ist er natürlich kein pflegeleichtes Kuscheltier. Manchmal hat er

Stacheln, und Sie könnten sich leicht an ihm wundreiben. Das tut auf Dauer weh, und so haben Sie sich möglicherweise eine dicke Haut zugelegt. Sie sehen über einige seiner widerborstigen Eigenschaften einfach hinweg, oder nehmen sie vorsichtshalber gar nicht mehr wahr.

In prickelnden Situationen können Sie sich freuen, einen stärkeren Arm angeboten zu bekommen, als Sie erwarten. Aber innerlich erschreckt Sie das vielleicht ein wenig, denn seine Unabhängigkeit muß ja vor der Bindung an Sie nicht haltmachen.

Warum ausgerechnet dieser Mann?

*Mit dem Partner, den wir wählen, wählen wir
unbewußt auch immer eine bestimmte Rolle für uns
selbst aus. Eine Rolle, in der unsere Wünsche, aber
auch unsere Ängste Platz haben. In jeder
Partnerschaft bestehen unbewußte Abmachungen:
»Wenn du mich nicht mit meinen Ängsten
konfrontierst, dann konfrontiere ich dich nicht mit
deinen. Wenn du mir meine Illusionen läßt, laß ich
dir deine.« Dieses heimliche Spiel bindet uns oft
mehr an den Partner als die Dinge, auf die wir
bewußt achten. Sein Verhalten, sein Aussehen, seine
Fürsorge, seine Zärtlichkeit – das alles ist längst
nicht so wichtig, wie es scheint. Und wenn wir uns
die Frage stellen: Warum, um alles in der Welt,
ausgerechnet dieser Partner?, dann riskieren wir
einen Blick auf den Kern unserer Partnerschaft.
Dabei geht es keineswegs darum, unseren Partner
kritisch zu beäugen, sondern darum, uns
selbst zu erkennen.*

Kreuzen Sie in den folgenden Fragen jeweils die Antwort an, die am ehesten auf Sie zutrifft.

▶ Verglichen mit anderen Männern – könnte er ruhig etwas männlicher sein?

ja, manchmal schon ☐ D

Oh, er ist männlich genug. ☐ A

Mir reicht es – er hat ohnehin das Sagen. ☐ C

Nein, das brauche ich nicht. ☐ B

▶ Verglichen mit anderen Männern – wie gefällt er Ihnen?

Ich finde ihn attraktiv, aber das ist mir nicht so wichtig. ☐ B

Ich finde ihn manchmal wunderschön und manchmal einfach zum Schütteln. ☐ C

Ich finde, er sieht gut aus, aber ich kenne auch besser aussehende Männer. ☐ D

Ich finde, er ist der Schönste, selbst wenn mir das manchmal etwas verrückt vorkommt. ☐ A

▶ Verglichen mit anderen Männern – wie meistert er sein Leben?

Er macht es sich oft zu schwer. ☐ D

Er hat sein Leben gut im Griff. ☐ C

Er hat kein leichtes Schicksal. ☐ B

Er schafft alles, was er will. ☐ A

▶ Wer von Ihnen beiden holt sich mehr Rat beim anderen?

Er holt sich eher Rat bei mir. ☐ B, D

Ich hole mir eher Rat bei ihm. ☐ A

Bei uns hält sich das die Waage. ☐ A

▶ Wer ist Ihrer Meinung nach der stärkere Teil in Ihrer Partnerschaft?

Er ist es. ☐ A

Wir ergänzen uns. ☐ B

Bei uns steht es unentschieden. ☐ C

Ich glaube, ich bin es. ☐ D

▶ Wenn eine Entscheidung zu treffen ist (beispielsweise über ein Reiseziel oder eine Anschaffung), wer hat dann das Sagen?

Ich habe leicht das Gefühl, daß die Entscheidung letztlich an mir hängenbleibt. ☐ D

Wir können uns auf eine heiße Diskussionsrunde gefaßt machen. ☐ C

Wir können uns fast immer wunderbar einigen. ☐ A

Wir brauchen oft sehr lange, bis wir uns endlich entscheiden können. ☐ B

▶ Wie wird gegenseitige Kritik in Ihrer Beziehung gehandhabt?

Seine dauernde Kritik
geht mir auf die Nerven. `C`

Wenn ich nicht sage,
was mir nicht paßt,
bleibt alles beim alten. `D`

Wir versuchen beide,
nicht aneinander
herumzukritisieren. `B`

Er macht mir öfter
Vorschläge, die ich
meistens gern annehme. `A`

▶ Wenn er sich über Sie beklagt, welche (ungerechten) Vorwürfe macht er Ihnen?

Ich sei aufgedreht,
unzugänglich, abweisend. `D`

Ich sei negativ,
streitsüchtig und
widerspenstig. `C`

Ich sei passiv, hilflos
und kraftlos. `A`

Ich sei aufdringlich,
überbesorgt und
besserwisserisch. `B`

▶ Denken Sie manchmal daran, ihn zu verlassen?

ja `C, D`
nein `A, B`

▶ Gibt er Ihnen ein Gefühl von Sicherheit?

ja, sehr `A`
im Grunde ja `D`
nicht immer `C`
nicht genug `B`

▶ Was machen Sie in Ihrer Freizeit?

Wir machen soviel wie
möglich gemeinsam. `B`

Ich würde gern mehr
mit ihm gemeinsam
machen, kann aber
verstehen, daß er auch
Zeit für sich braucht. `A`

Ich glaube, wir machen
oft mehr gemeinsam, als
wirklich gut für uns ist. `C`

Mir ist es wichtig, auch
Dinge zu tun, an denen
er nicht beteiligt ist. `D`

▶ Ist er Ihnen gegenüber aggressiv?

nein, eigentlich nie `B`
Nein, nur sehr selten,
er bleibt meistens ruhig. `D`

Ja, aber ich weiß, daß er
es nicht so meint. `A`

Ja, und er hat eine ziem-
lich verletzende Art. `C`

▶ Wie ist er in seinem Freundeskreis?

Er ist meist der
Mittelpunkt. `A`

Er gibt den Ton mit an. `C`

Er kommt manchmal
zu kurz und wird leicht
zum Außenseiter. `B`

Er ist beliebt. `D`

▶ Werden andere Männer zu Rivalen um Ihre Gunst?

ehrlich gesagt: ja, öfter	D
Eher selten, meist habe ich mit Rivalinnen zu kämpfen.	C
Nein, denn ich bin absolut treu.	B
Nein, das läßt er nicht zu.	A

▶ Wie gut kennen Sie ihn?

Ich kenne ihn in- und auswendig.	A
Ich weiß nicht alles über ihn, aber er kann mir nichts verbergen.	B
Ich weiß über das Wichtige, das in ihm vorgeht, Bescheid.	D
Ich bin immer wieder verblüfft.	C

▶ Kreuzen Sie von diesen vier Aussagen die an, die am ehesten auf Sie zutrifft:

Mein Partner meidet Gewohnheiten, die mich an ihm stören.	D
Mein Partner hilft mir, eine interessantere Person zu werden.	A
Mein Partner läßt es mich wissen, wenn ich ihm nicht gefalle.	C
Mein Partner gibt mir das Gefühl, daß ich gebraucht werde.	B

▶ Wirkt er manchmal verloren auf Sie?

ja	B
Ja, aber es fällt ihm sehr schwer, es zuzugeben.	C
ja, zu oft	D
Nein, er weiß immer weiter.	A

▶ Er kehrt erst in den Morgenstunden heim und schweigt. Welches Verhalten wäre typisch für Sie?

Ich mache es kuschelig für uns und ermuntere ihn, sich auszusprechen.	B
Ich mache ihm eine Szene, daß ihm Hören und Sehen vergeht.	D
Ich bin nett zu ihm und warte, was er tun wird.	A
Ich lasse den Alltag weiterlaufen und warte, daß er von sich aus etwas sagt.	C

▶ Was geht meistens in Ihnen vor, wenn Sie intensiv an ihn denken?

Ich spüre meine Zuneigung für ihn und bin fast gerührt.	B
Ich spüre, wie stolz und glücklich ich bin, mit ihm zusammen zu sein.	A
Was ich spüre, hängt sehr davon ab, wie gut wir uns gerade verstehen.	C
Ich spüre, wie gut es mir tut, daß er mich so mag.	D

▶ Wie spricht er über seine früheren Partnerinnen?

Schlecht, er fragt sich, wie er da hineinrutschen konnte. ☐ A

Ich spüre, daß er immer noch verletzt ist. ☐ B

Er redet im Grunde ganz normal über sie. ☐ C

Er spricht fast nur gut über sie. ☐ D

▶ Und wie ist Ihr Verhältnis zu Ihren früheren Partnern?

Es funkt immer noch, wenn wir uns, mehr zufällig, sehen. ☐ D

Ich fühle mich meinen Verflossenen noch sehr nahe und verstehe sie gut. ☐ A

Mit vielen meiner früheren Partner bin ich noch lose befreundet. ☐ B

Wir haben ein eher distanziertes Verhältnis, sofern wir uns nicht völlig aus den Augen verloren haben. ☐ C

Auswertung

Zählen Sie zusammen, welchen Buchstaben Sie am häufigsten angekreuzt haben. Unter dem Buchstaben finden Sie die für Sie zutreffende Auswertung. Falls Sie zwei Buchstaben gleich oft haben, treffen die Auswertungen nur eingeschränkt zu.

A

Überspitzt gesagt: Sie sind nicht nur Partnerin Ihres Mannes – Sie sind auch die erste Vorsitzende seines Fan-Clubs. Was immer Sie anzieht an ihm, durch welche Gefühle von Vertrauen und Nähe Sie an ihn gebunden sind – wesentlich ist: Er gibt Ihnen das Gefühl, gebraucht zu werden. Er ist für Sie der Größte. Selbst wenn Sie manchmal etwas an ihm auszusetzen haben, Sie verehren ihn, und er läßt sich verehren.

So sonnen Sie sich in seinem Glorienschein, zu dem Sie selbst eifrig beitragen. Hinter jedem erfolgreichen Mann steht ja, sagt man, eine Frau. Wahrscheinlich sind Sie ein gutes Beispiel für diesen Spruch. Sie würden nie auf die Idee kommen, sich selbst in den Mittelpunkt zu drängen, sondern viel eher dafür sorgen, daß er im Zentrum der Aufmerksamkeit steht. Und Sie mit ihm, an seiner Seite. Sein Erfolg wird so Ihr eigener. Aber ganz so bescheiden, wie

Sie wirken, sind Sie nicht. Allerdings verzichten Sie weitgehend darauf, Ihre eigenen Kräfte zu entwickeln, verhindern es, sich Ihrer Unsicherheit und Ihren Selbstzweifeln zu stellen. Und: Solange es nur einen Steuermann gibt, bleibt der Krach über den richtigen Kurs natürlich aus. Sie müssen keine Konflikte befürchten. Ganz ungefährlich ist das nicht. Zu genau sind die Grenzen zwischen Ihnen abgesteckt, zu schnell können sie überschritten werden. Bedenken Sie, daß wirkliche Harmonie auch Platz für Kritik und Auseinandersetzung braucht.

B

Grundsätzlich möchten Sie nicht einen Augenblick von seiner Seite weichen, am liebsten möchten Sie ständig mit ihm zusammen sein. Der dunkle, unbewußte Teil Ihrer Verbindung fußt auf der Angst, verlassen zu werden. Egal, was Sie sonst an Ihren Partner bindet, Ihre Beziehung beruht auch und gerade darauf, daß er Ihrer relativ sicher ist. Die Wahrscheinlichkeit, daß er seine Koffer packt und das Weite sucht, ist ziemlich gering. Unbewußt hat das sicher auch bei Ihrer Partnerwahl eine erhebliche Rolle gespielt. Vieles zwischen Ihnen dreht sich im Grunde ums Sorgen,

Versorgen und Füreinander-Dasein – kurz: ums Helfen. Sie helfen ihm, aber auch er hilft Ihnen.

Sie sollten sich aber darüber klar sein, daß Sie sich durch dieses gegenseitige Hätscheln vor der Erotik in Ihrer Beziehung drücken. Sie verbannen Gefühle wie Eifersucht, Wut oder Neid in den äußersten Winkel Ihrer Beziehungskiste.

Trotz einiger Vorteile ist die Helferrolle auf Dauer nicht befriedigend. Sie haben auch noch andere Ansprüche an das Leben. In Ihrer Phantasie vielleicht sogar so gewaltige, daß Sie gar nicht erst wagen, Appetit darauf zu entwickeln. Vermutlich werden Sie erst dann eine wirklich befriedigende Beziehung herstellen können, wenn Sie lernen, auch eigene Wege zu gehen, und sich trauen, egoistisch zu sein.

C

Sie und Ihr Partner sind nicht gerade das, was man sich unter einem Herz und einer Seele vorstellt. Entweder Sie tragen Ihre Konflikte heimlich, still und leise unter dem Tisch aus, oder Sie kriegen sich so lautstark und heftig in die Wolle, daß sich Ihre Umwelt wundert, wieso Sie beide eigentlich noch zusammen sind.

Sie haben sich einen Partner ausgesucht, der selbständig und erwachsen auf Sie wirkte. Mit ihm konnten Sie sich wahrscheinlich ein Nebeneinander vorstellen. Niemand, der Sie dominiert, und niemand, der Ihnen von vornher-

ein unterlegen schien. Eben ein wirklicher Partner, einer, der mit Ihnen auf der gleichen Stufe steht. Auf der stehen Sie immer noch und versuchen, keinen Millimeter zu weichen.

Denn Sie beide führen einen wunderbaren Machtkampf miteinander. In der Sorge, der andere könne die Oberhand gewinnen, wagen Sie es kaum, einander den kleinen Finger zur Unterstützung zu reichen. Indem Sie ständig Ihre Unabhängigkeit beweisen, halten Sie auch Ihren Partner in Schach. Im Extremfall, indem einer von Ihnen fremdgeht und damit ausdrückt: »Ich brauche dich nicht. Aber du mich, denn du bist ja eifersüchtig.«

Neben allen gemeinsamen Neigungen und Abneigungen ist es also vor allem die Angst davor, gebunden zu sein, die Sie verbindet. Ihre gemeinsame Furcht, abhängig zu werden, hält Sie zusammen. Jeder strampelt sich ab, den Partner bloß nicht zu brauchen und immer groß und stark zu erscheinen. Sie würden sich Ihr Liebesleben sicher erheblich einfacher machen, wenn Sie auch Ihre Bedürfnisse nach Schutz und Geborgenheit zuließen und Sie auch einmal um Rat und Hilfe bitten würden.

D

Wissen Sie, daß Sie der Boß sind? Denn wie immer Ihre Liebesbeziehung im einzelnen auch aussehen mag, Sie neigen dazu, bei allem die Zügel in der Hand zu halten.

Gleichgültig, wie Ihr Partner nach außen wirken mag: Sie spielen die erste Geige. Und er – das ist ja das Anziehende – läßt Sie. In Gefühlsdingen sind Sie nämlich weitaus gewandter als er. Und seine Verlustängste können Sie durch einen kleinen Flirt jederzeit wachkitzeln. Schon ist er wieder weich wie Butter. Und genau das bindet Sie an ihn. Er ist immer bereit, sich auf Sie einzustellen und Ihren Bedürfnissen entgegenzukommen. Unbewußt reagieren Sie auf seine (oft gut getarnte) Anhänglichkeit und innere Unsicherheit, die Ihnen erlaubt zu dominieren.

Im Grunde wünschen Sie sich aber einen starken Partner und machen ihm vielleicht sogar gelegentlich Vorwürfe über sein mangelndes Durchsetzungsvermögen. Sie vermissen dann die fordernden, aktiven Züge an ihm, die Sie andererseits aber ziemlich schlecht ertragen könnten.

Ihr Partner ist fast artig, so edel und hilfsbereit, daß Sie mit ihm vor aggressiven Forderungen geschützt sind. Was allerdings in einer langfristigen Beziehung auch dazu führen kann, daß sich die Sexualität immer mehr gegen null bewegt. Spätestens dann tritt vermutlich der Geliebte auf den Plan – wenn sich nicht schon lange vorher eine Begeisterung für Seitensprünge durchgesetzt hat. Denn auch sexuelle Abenteuer schmeicheln einerseits dem eigenen Selbstwertgefühl und stellen andererseits Distanz zwischen Ihnen und Ihrem Partner her. Fazit: Sie diktieren das Geschehen in Ihrer Beziehung, ohne sich bedrohlicher Intimität auszusetzen. So bindet Sie an ihn letztlich Ihre Angst, sich zu stark zu binden.

Können Sie mit Geld umgehen?

Zwei Themen beschäftigen uns am stärksten: Geld und Liebe. Psychologisch gesehen entspricht das, was in unserem Herzen geschieht, tatsächlich sehr oft dem, was wir mit unserem Portemonnaie machen. In beiden Bereichen geht es um Geben und Nehmen. Sowohl über Geld als auch durch Liebe begegnen wir der Welt, stellen Beziehungen und Verbindungen her. Geiz, Verschwendungssucht, hohe Schulden oder penible Pfennigfuchserei – unser Umgang mit Geld zeigt ziemlich direkt und unverstellt auf, wie es in unserer Psyche aussieht.
»Geld regiert die Welt«, sagt das Sprichwort. Und tatsächlich formen wir durch unser Verhältnis zum Geld unsere persönliche Welt. Wie wir mit Geld umgehen, führt uns deutlich vor Augen, welche Ängste und Wünsche auch unsere Gefühlswelt bestimmen.

Kreuzen Sie bei den folgenden Fragen jeweils eine Antwort an, die Ihrem Verhalten oder Ihrer Einstellung am nächsten kommt.

▶ Wie sparen Sie?

Ich lege regelmäßig einen festen Betrag zur Seite. ☐ A

Ich spare immer dann, wenn ich Geld übrig habe. ☐ B

Ich würde gern sparen, aber schaffe es einfach nicht. ☐ D

Ich spare nicht, aber ich lege mein Geld gewinnbringend an. ☐ C

▶ Werden in Ihrem Kühlschrank oder in Ihrer Speisekammer Lebensmittel schlecht, die Sie dann wegwerfen müssen?

nie ☐ A
manchmal ☐ B, C
öfter ☐ D

▶ Ich trage meine beste und teuerste Kleidung nur zu besonderen Anlässen.

stimmt ☐ A
stimmt teilweise ☐ B
stimmt nicht ☐ D, C

▶ Ich achte bei Ferngesprächen immer darauf, mich kurz zu fassen.

stimmt ☐ A
Das hängt vom Anruf ab. ☐ B
stimmt nicht ☐ D, C

▶ Hier sind einige Redewendungen und Sprichwörter über Geld. Kreuzen Sie die zwei Aussagen an, die Ihre Meinung am besten wiedergeben.

»Das Geld liegt auf der Straße, man muß es nur aufzuheben wissen.« ☐ C

»Geld ist weder schlecht noch gut, es liegt an dem, der es gebrauchen tut.« ☐ B

»Zeit ist Geld.« ☐ C

»Was man spart vom Mund, fressen Katz und Hund.« ☐ D

»Wer den Heller nicht ehrt, ist des Talers nicht wert.« ☐ A

»Geld macht nicht glücklich, aber es gestattet, auf verhältnismäßig angenehme Weise unglücklich zu sein.« ☐ B

»Viele Leute kaufen mit dem Geld, das sie nicht haben, Dinge, die sie nicht brauchen, um Leuten zu imponieren, die sie nicht ausstehen können.« ☐ A

»Was soll Geld, das nicht wandert durch die Welt.« ☐ D

▶ Wie beurteilen Sie die beiden folgenden Aussagen?

Francis Bacon: »Der Wege, sich zu bescheiden, sind viele. Sparsamkeit ist einer der besten.«

stimmt ☐ A, B
stimmt nicht ☐ C, D

▶ Oscar Wilde: »Als ich jung war, glaubte ich, Geld sei das Wichtigste im Leben. Jetzt, wo ich alt bin, weiß ich, daß es das Wichtigste ist.«

stimmt	A, C
stimmt nicht	B, D

▶ Wenn ich eine Speisekarte öffne, schaue ich zuerst …

auf die Preise.	A, B
auf die Gerichte.	D, C

▶ Bekannte, die mich nach meinem Gehalt fragen, sage ich genau, was ich verdiene.

stimmt	B, D
nein, möglichst nicht	A, C

▶ Ich genieße es, schöne Dinge für mich und andere zu kaufen.

ja, unbedingt	D, C
manchmal	B
im Grunde nicht	A

▶ Kennen Sie den aktuellen Dollar-Kurs?

klar	C
ungefähr	A
keine Ahnung	B, D

▶ Einem guten Sonderangebot kann ich kaum widerstehen.

stimmt	D
stimmt manchmal	B, C
stimmt nicht	A

▶ Haben Sie ein Testament gemacht?

ja	A
Ich habe schon daran gedacht.	C
nein	B, D

▶ Vergleichen Sie die Preise in verschiedenen Lebensmittel-geschäften?

ja	A
selten	B, C
eigentlich nie	D

▶ Wissen Sie genau, wie es um Ihre Finanzen gerade steht?

ja	A, C
nein	B, D

▶ Wie gehen Sie mit dem Geld um, das Ihnen für laufende Ausgaben zur Verfügung steht?

Ich mache keinen festen Plan.	D
Ich habe einen ungefähren Überblick.	B
Ich setze eine Summe an, die ich aber manchmal auch überschreite.	C
Ich weiß genau, was ich habe, und gebe nicht mehr aus.	A

▶ Spielen Sie Lotto oder Toto?

ja	B,C,D
nein	A

▶ Besitzen Sie eine Kreditkarte?
Nein, ich würde nur
mehr Geld ausgeben. [D]
Klar, die sind doch
praktisch. [B]
Sicher, ich besitze
sogar zwei. [C]
Die kosten nur zusätzliche
Gebühren und bringen
mir keinen Vorteil. [A]

▶ Wenn es nach einem gemeinsamen Restaurant-Besuch mit
FreundInnen ans Bezahlen geht –
was ist Ihnen am liebsten?
wenn ich alle einlade [C]
wenn der Rechnungs-
betrag durch die Zahl
der Anwesenden
geteilt wird [B]
wenn einzeln
abgerechnet wird [A]
wenn ich eingeladen
werde [D]

▶ Zahlen Sie Ihre Rechnungen,
Mieten und Beiträge ...
immer pünktlich? [A]
meistens pünktlich? [B, C]
selten pünktlich? [D]

▶ Haben oder hatten Sie
Schulden?
ja, öfter [D]
manchmal [C]
selten [B]
nie [A]

▶ Angenommen, Sie gewinnen
plötzlich 10 000 Mark. Was
würden Sie damit anfangen?

sparen/**ausgeben**   **ausgeben/**
                        Schulden bezahlen

B   D

sparen/**ausgeben**   **ausgeben/**
                        anlegen

A   C

▶ Wo kaufen Sie für Ihre
Partys ein?
im Spezialitätengeschäft [C]
im Supermarkt [B]
wo es am billigsten ist [D, A]

▶ Entscheiden Sie bei den folgenden Comics jeweils, welche der abgebildeten Personen Ihrem Verhalten am nächsten kommt.

Bei der Verabredung:

A, C   D, B

Auf dem Heimweg nach zweistündigem Stadtbummel:

D, C   A

weder – noch   B

Am Strand:

B, C   D, A

Vor dem Restaurant:

A, C   B, D

Auswertung

Zählen Sie zusammen, wie oft Sie jeweils A, B, C, oder D angekreuzt haben. Unter dem Buchstaben, den Sie am häufigsten gewählt haben, finden sie die Auswertung, die auf Sie zutrifft. Sollten Sie zwei Buchstaben gleich oft oder fast gleich oft gewählt haben, treffen beide Eigenschaften – wenn auch weniger eindeutig – auf Sie zu.

Typ A

Zwar sind Sie nicht so reich wie Dagobert Duck, können also nicht jeden Morgen ein Vollbad in Ihren Dukaten nehmen, aber Sie neigen dazu, Geld mit der gleichen Begeisterung zu horten. Sie sind sparsam, so sparsam, daß bestimmt einige FreundInnen Sie als knausrig bezeichnen. Sie gönnen sich nicht viel. Sie können an Sonderangeboten vorbeigehen, ohne das Bedürfnis zu haben, sofort zuzugreifen. Und auch besonders schöne Stücke in den Auslagen verführen Sie nicht. Sie haben Ihren Geldbeutel gut im Griff – aber auch sich selbst und Ihre Gefühle. Sie lassen sich nicht gehen. Fleiß und Korrektheit sind für Sie Tugenden, die Sie hochhalten. Sich selbst mal was Gutes gönnen, sich mal belohnen, wenn was gelungen ist, oder etwas Schönes kaufen zum Trost, wenn etwas schiefgelaufen ist – das können

und wollen Sie nicht. Diese Ansprüche stellen Sie allerdings auch an andere. Und das wirkt kleinlich, ja, manchmal sogar pedantisch.

Wie wäre es, wenn Sie ein bißchen was riskieren? Mal was kaufen, was nicht nötig und sinnvoll ist? Mal Geld für etwas ausgeben, was nicht vernünftig ist? Haben Sie einen heimlichen Wunsch? Erfüllen Sie ihn sich, Sie haben es sich wirklich verdient!

Typ B

Geld ist Ihnen im Grunde nicht sehr wichtig, aber Sie kennen seine Bedeutung. Sie gehen sorgfältig damit um und leisten sich dann etwas, wenn Sie es sich auch tatsächlich leisten können. Sie neigen weder zur Pfennigfuchserei noch dazu, das Geld mit beiden Händen auszugeben; es sei denn, Ihre finanzielle Situation erfordert das eine oder das andere.

Diese vernünftige Haltung gegenüber Hab und Gut läßt vermuten, daß Sie ein stabiles Selbstvertrauen besitzen. Sie können die Dinge so sehen, wie sie sind, und brauchen sich nichts vorzumachen, nur um sich nicht schlecht zu fühlen. Ihre Selbstbestätigung hängt nicht von Ihrem Kontostand ab. Insofern können Sie die Frage, ob Sie mit Geld umgehen können, wohl

schlicht mit »Ja« beantworten.
In punkto »Vermögensbildung«
könnten Sie allerdings etwas sorg-
samer sein. Sie machen sich ja
nicht gleich vom Geld abhängig,
wenn Sie sich informieren und Ihr
Geld sinnvoller anlegen, als Sie es
bisher tun.

Typ C

Geld ist für Sie ein Zahlungsmittel,
Sie gehen geschäftsmäßig damit
um. Wenn Sie Geld übrig haben,
legen Sie es an, lassen es für sich
arbeiten. Der Rubel soll rollen,
damit Sie sich das Beste leisten
können, wenn Sie Lust dazu
haben. Ihr Verhältnis zu Geld ist
vernünftig, sachlich wie ein Com-
puter. Sie sind ein Verstandes-
mensch – und diese Eigenschaft
zeigt sich nicht nur im Umgang
mit Geld. Haben Sie sich schon
mal gefragt, wie Sie mit den Bereichen Ihres Lebens umgehen, die
nicht kalkulier- und berechenbar
sind? In denen nicht vorhersehbar
ist, ob etwas für Sie dabei heraus-
springt, wenn Sie was riskieren?
Scheuen Sie nicht manchmal auch
das Risiko, Gefühle zu investieren?
Wägen Sie Ihre Gefühle immer ab
und sind nur »unvernünftig«,
wenn kein Risiko damit verbunden
ist? Schade, denn so schieben Sie
Ihre kreativen und spontanen
Eigenschaften beiseite. Der sach-
liche Umgang mit Geld sollte Sie
nicht hindern, »unsachliche«
Gefühle und Sehnsüchte zu bewahren.

Typ D

Sie leben gern über Ihre (finanziellen) Verhältnisse. Finanzplanung
ist ein Greuel für Sie. Immer mal
wieder packt Sie der Kaufrausch
und fegt alle guten Vorsätze beiseite. Mit ein paar Scheinen in der
Tasche fühlen Sie sich wie ein
Krösus. Verlockungen in den
Schaufenstern können Sie nur
schwer widerstehen. Unbewußt
behandeln Sie Geld wie Spielgeld,
daß man sich einfach aus der
Monopoly-Schachtel holt, wenn
man es braucht. Ihre Unbekümmertheit ist manchmal ein bißchen
verantwortungslos (wenn Sie mehr
als 27mal den Buchstaben D angekreuzt haben, sogar ziemlich).
Ihre Unbekümmertheit ist sicher
auch liebenswert – aber bisweilen
gefährlich. Warum vermeiden Sie
es, über Ihre Finanzen richtig
nachzudenken? Eine mögliche
Antwort: Sie haben eine gehörige
Portion Existenzangst, die Sie
überspielen möchten. Irgendwie,
so hoffen Sie, wird sich schon alles
regeln. In dieser Einstellung liegt
eine gewisse Hilflosigkeit, die auch
ein unbewußter Appell sein kann,
versorgt und behütet zu werden.
Mit Geld erwachsen umzugehen,
läßt sich lernen. Manchmal hilft
es, mit ganz praktischen Schritten
anzufangen. Zum Beispiel könnten
Sie ein Ausgabenbuch anlegen
oder für eine Weile darauf verzichten, mit Schecks und Kreditkarten
zu bezahlen.

Wie stabil ist Ihre Beziehung

An jedem siebten Himmel ziehen ab und zu Wolken auf. Auch wenn sie jetzt noch keine Schatten werfen, sondern in Ihrer Beziehung Sonnenschein herrscht – die Bereiche, in denen irgendwann Konflikte auftauchen, sind absehbar.
In jeder Partnerschaft treffen nicht nur zwei Menschen, sondern auch zwei Familien aufeinander. Und damit Ansichten, Einstellungen, unbewußte Regeln und Wünsche, die jeder der beiden Partner vom anderen erfüllt haben möchte. Unbewußt gehen wir wie selbstverständlich davon aus, daß der Partner unsere Vorstellungen und unser Erleben teilt. Wir sind erstarrt, irritiert und frustriert, wenn wir merken, welchen Illusionen wir aufgesessen sind. Sich die unterschiedlichen Wahrnehmungen und Bedürfnisse bewußt zu machen, ist ein notwendiger Schritt auf dem Weg zu einer stabilen Beziehung. Sie können dieses Psycho-Spiel natürlich alleine machen. Aber besser wäre es, wenn Sie Ihren Partner zur Mitarbeit bewegen könnten. Vielleicht stoßen Sie schon mit der Frage »Machst du mit?« auf einen Unterschied: daß er Psycho-Spiele doof findet … Das wäre sicher nicht schlimm, aber ein bißchen schade.

Teil I

Geld		Sie		stimmt über-wiegend	stimmt über-wiegend		Er	
	stimmt nicht	stimmt kaum	stimmt etwas			stimmt etwas	stimmt kaum	stimmt nicht
Ich bin unzufrieden damit, wie wir unsere Finanzen geregelt haben.	☐	☐	☐	☐	☐	☐	☐	☐
Mein Partner/meine Partnerin gibt dauernd zuviel Geld aus.	☐	☐	☐	☐	☐	☐	☐	☐
Ich möchte, daß mich mein Partner/meine Partnerin öfter fragt, bevor er/sie Geld ausgibt.	☐	☐	☐	☐	☐	☐	☐	☐
Ich möchte mit Geld mehr nach meinen eigenen Vorstellungen umgehen.	☐	☐	☐	☐	☐	☐	☐	☐
Ich mache mir Sorgen wegen unserer finanziellen Situation.	☐	☐	☐	☐	☐	☐	☐	☐
Ich finde meinen Partner/meine Partnerin zu knauserig.	☐	☐	☐	☐	☐	☐	☐	☐

Sex

	Sie					Er		
	stimmt nicht	stimmt kaum	stimmt etwas	stimmt überwiegend	stimmt überwiegend	stimmt etwas	stimmt kaum	stimmt nicht

Mein Partner/meine Partnerin hat mehr von unserer Sexualität als ich.

| ☐ | ☐ | ☐ | ☐ | ☐ | ☐ | ☐ | ☐ |

Unser Sexleben ist deshalb eingefahren, deshalb wünsche ich mir mehr Abwechslung.

| ☐ | ☐ | ☐ | ☐ | ☐ | ☐ | ☐ | ☐ |

Es fällt mir schwer, offen mit ihm/ihr über unsere Sexualität zu sprechen.

| ☐ | ☐ | ☐ | ☐ | ☐ | ☐ | ☐ | ☐ |

Ich wünsche mir mehr Sex.

| ☐ | ☐ | ☐ | ☐ | ☐ | ☐ | ☐ | ☐ |

Ich habe Angst, daß mein Partner/meine Partnerin fremdgehen könnte.

| ☐ | ☐ | ☐ | ☐ | ☐ | ☐ | ☐ | ☐ |

Manches mache ich nur meinem Partner/meiner Partnerin zuliebe.

| ☐ | ☐ | ☐ | ☐ | ☐ | ☐ | ☐ | ☐ |

Zeit

	Sie					Er		
	stimmt nicht	stimmt kaum	stimmt etwas	stimmt überwiegend	stimmt überwiegend	stimmt etwas	stimmt kaum	stimmt nicht
Ich würde gern öfter etwas ohne meinen Partner/meine Partnerin unternehmen.	☐	☐	☐	☐	☐	☐	☐	☐
Mein Partner/meine Partnerin hat zu wenig Zeit für mich.	☐	☐	☐	☐	☐	☐	☐	☐
Unsere Vorstellungen über Freizeit und Feriengestaltung sind sehr verschieden.	☐	☐	☐	☐	☐	☐	☐	☐
Vieles mache ich nur mit, weil es meinem Partner/meiner Partnerin Freude macht.	☐	☐	☐	☐	☐	☐	☐	☐
Mein Partner/meine Partnerin interessiert sich zu wenig für meine Interessen und Hobbys.	☐	☐	☐	☐	☐	☐	☐	☐
Unsere Freizeit leidet zu sehr unter den Anforderungen unserer Berufe.	☐	☐	☐	☐	☐	☐	☐	☐

Andere		Sie					Er	
	stimmt nicht	stimmt kaum	stimmt etwas	stimmt über- wiegend	stimmt über- wiegend	stimmt etwas	stimmt kaum	stimmt nicht

Mit vielen FreundInnen meines Partners/meiner Partnerin werde ich nicht so richtig warm.

| ☐ | ☐ | ☐ | ☐ | ☐ | ☐ | ☐ | ☐ |

Wenn wir mit anderen zusammen sind, mag ich das Verhalten meines Partners/meiner Partnerin manchmal überhaupt nicht.

| ☐ | ☐ | ☐ | ☐ | ☐ | ☐ | ☐ | ☐ |

Uns fehlt ein gemeinsamer Freundeskreis.

| ☐ | ☐ | ☐ | ☐ | ☐ | ☐ | ☐ | ☐ |

Meine Partner/meine Partnerin und meine Familie kommen nicht miteinander aus.

| ☐ | ☐ | ☐ | ☐ | ☐ | ☐ | ☐ | ☐ |

Mich stören die engen Kontakte, die mein Partner/meine Partnerin zu FreundInnen unterhält.

| ☐ | ☐ | ☐ | ☐ | ☐ | ☐ | ☐ | ☐ |

Ich würde gern gemeinsam mit meinem Partner/meiner Partnerin mehr mit anderen Menschen unternehmen.

| ☐ | ☐ | ☐ | ☐ | ☐ | ☐ | ☐ | ☐ |

Rollenverteilung

	Sie					Er		
	stimmt nicht	stimmt kaum	stimmt etwas	stimmt überwiegend	stimmt überwiegend	stimmt etwas	stimmt kaum	stimmt nicht
Ich bin unzufrieden damit, daß mein Partner/ meine Partnerin so wenig im Haushalt tut.	☐	☐	☐	☐	☐	☐	☐	☐
Ich bin oft unglücklich darüber, wie sehr ich mich den Wünschen meines Partners/meiner Partnerin anpasse.	☐	☐	☐	☐	☐	☐	☐	☐
In unserer Partnerschaft ist die Gleichberechtigung noch nicht richtig verwirklicht.	☐	☐	☐	☐	☐	☐	☐	☐
Ich bin unzufrieden darüber, wie wir eine Schwangerschaft verhüten.	☐	☐	☐	☐	☐	☐	☐	☐
Ich bin unzufrieden damit, wie in unserer Partnerschaft wichtige Entscheidungen gefällt werden.	☐	☐	☐	☐	☐	☐	☐	☐
Mein Partner/meine Partnerin verhält sich oftmals zu bestimmend.	☐	☐	☐	☐	☐	☐	☐	☐

Auswertung

Teil I

Ihre »Problemzonen« könne Sie auf einen Blick erkennen. Kreuzchen in dem grauen Feld signalisieren mögliche Spannungen und Konflikte.

Je mehr Kreuzchen im grauen Feld, desto gefährdeter ist die Harmonie in Ihrer Partnerschaft. Betrachten Sie Ihr Ergebnis als Einladung, über verborgene Probleme in Ihrer Beziehung nachzudenken und – vor allem – miteinander zu sprechen.

Wenn bei einer Frage Ihre beiden Kreuzchen im grauen Feld liegen, leiden Sie beide unter demselben Problem. Das ist in Partnerschaften häufig so. Vielleicht ist Ihnen beiden das Problem erst durch diesen Test bewußt geworden?

Liegt nur eines der Kreuzchen im grauen Feld, dann liegen Sie in Ihrer Einschätzung der Situation weiter auseinander. Und nur eine/r von Ihnen empfindet die Partnerschaft als schwierig oder unbefriedigend. (Das gilt auch, wenn die Antworten in den weißen Feldern sehr unterschiedlich sind.)

Hat eine/r von Ihnen sehr viele Kreuze im grauen Feld und die/der andere nur wenige, dann bedeutet das nicht notwendigerweise, daß er oder sie allein mit der Partnerschaft unzufrieden ist, sondern

zeigt möglicherweise auf, wie die Rollen in Ihrer Beziehung verteilt sind. Wer spielt immer die Kritikerrolle, wer die Optimistenrolle? Es täte Ihrer Beziehung mit Sicherheit gut, die Rollen auch mal zu wechseln. Was hat der/die auszusetzen, der/die scheinbar alles prima findet? Was der/die zu loben, den/die scheinbar so vieles ärgert?

Hier noch ein paar Anregungen:

Sexualität. Erzählen Sie einander, wie Sie sich Ihr ideales sexuelles Zusammensein vorstellen. Vereinbaren Sie, sich beim Sex wieder einmal Ihre Empfindungen mitzuteilen.

Geld. Machen Sie einen gemeinsamen Haushaltsplan. Erzählen Sie einander, wie in Ihrer Familie mit Geld umgegangen wurde. Überlegen Sie, ob Ihnen eine Aufteilung in gemeinsames und von jedem ganz persönlich verwaltetes Geld helfen könnte.

Rollen. Gibt es bei Ihnen immer wieder Streit um die Aufgabenverteilung im Haus? Treffen Sie feste Absprachen, und vereinbaren Sie Konsequenzen, wenn der/die andere sich nicht daran hält.

Zeit. Überlegen Sie, bevor Sie gemeinsam planen, erst einmal getrennt, wie ihre ideale Freizeitgestaltung aussähe. Welche Ihrer Interessen haben Sie der Partnerschaft zuliebe aufgegeben? Welche Gefühle stecken hinter Ihrem Wunsch, mehr allein oder mehr gemeinsam zu tun?

Andere. Überlegen Sie zunächst getrennt und dann gemeinsam: Welche Seiten, die vielleicht keinen Raum in Ihrer Partnerschaft haben, lebt jede/r mit anderen aus? Können Sie es ertragen, nicht in jeder Hinsicht die Nummer eins im Leben Ihres Partners/Ihrer Partnerin zu sein? Und wenn nicht, macht Ihnen das angst?

Teil II

Über Gefühle reden, Wut raus-
lassen – können Sie das?
Mehr über sich und Ihre Beziehung erfahren Sie, wenn Sie sich
möglichst ehrlich auf folgende
Situationen einlassen. Finden Sie
die Antwort heraus, die Ihrem
Verhalten am nächsten kommt.

▶ Sie überraschen Ihren
Partner/Ihre Partnerin dabei, wie
er/sie gerade in Ihren privaten
Briefen und Aufzeichnungen
wühlt.

»Sag mal, du spinnst
wohl!« – Ich werde laut
und verbitte mir das ein
für allemal.   B

»Na? Verdacht auf
Ehebruch?« – Ich frage
ihn/sie, was er/sie sucht,
und sage, er/sie soll mich
fragen, weil ich es nicht
mag, daß er/sie alles
durchwühlt   D

»Kann ich helfen,
Schatz?« – Ich helfe
ihm/ihr beim Suchen,
denn ich finde nichts
Schlimmes dabei.   A

▶ Ihr Partner/Ihre Partnerin fragt
so im Vorbeigehen: »Liebst du
mich?« Sie bemerken zu Ihrer
Überraschung, daß sich in Ihnen
gar nicht viel regt und daß Sie
sich gar nicht sicher sind.

»Weißt du doch, Dumm-
kopf!« – Ich will lieber
erst mal beobachten, was
in mir vorgeht.   C, A

»Ich liebe dich, ja.« –
Schließlich hat sich ja
nichts verändert.   CC, A

»Komisch, aber wenn du
mich so fragst, bin ich
unsicher.« – Ich möchte
gern klären, was da
unwillig in mir rumort,
auch wenn es ihn/sie
betrifft.   D, E

▶ Völlig überraschend steht ihr
Partner/Ihre Partnerin mit zwei
Fahrkarten nach Florenz vor der
Tür und sagt Ihnen freudestrah-
lend, daß Sie noch eine Stunde
Zeit zum Packen haben.

»Echt? Super!« – Ich bin
schon in Italien, bevor
ich ihn/sie umarmt habe.   E

»Du bist total verrückt!«
– Mir fällt siedend heiß
ein, was jetzt alles ausfällt,
aber dann stopfe ich guter
Dinge eilig die Koffer voll.   D

»Ach, Schatz, ich weiß
nicht …« – Ich finde die
Idee zwar toll, fühle mich
aber völlig überfahren
und lasse ihn/sie allein
nach Florenz fahren   B

▶ Sie erzählen Ihren FreundInnen gerade, wie Sie neulich Ihr Flugzeug verpaßt haben, als Ihr Partner/ihre Partnerin reinplatzt und nach kurzem Hinhorchen das Erzählen übernimmt.
»Unterbrich mich bitte nicht, das ist meine Geschichte.« – Ich reagiere ärgerlich. `D`
»Ja, und dann sag' ich noch …« – Ich versuche, wieder in das Gespräch hineinzukommen. `A, C`
Ich komme mir etwas dumm vor, aber ich weiß ja, daß es nicht böse gemeint ist. Also laß ich ihn/sie. `AA,CC`

▶ Ihr Partner/Ihre Partnerin hat sich am Abend verabredet. Sie finden das ganz in Ordnung, aber dann fühlen Sie sich doch einsam. Als er/sie wiederkommt:
»Oh, endlich, Schatz … « – Er/sie soll ruhig wissen, daß ich ihn/sie vermißt habe. `C`
»Seltsam, aber als du weg warst, habe ich mich richtig einsam gefühlt.« – Das will ich ihm/ihr jetzt erzählen. `D`
»Na, wie war's?« – Ich werde ihm/ihr nicht wegen jeder Kleinigkeit die Stimmung vermiesen. `B, CC`

▶ Sie gucken gerade einen ganz spannenden Film im Fernsehen, als Ihr Partner/Ihre Partnerin sich an Sie kuschelt und Streicheleinheiten möchte.
»Nicht jetzt, Schatz, der Film ist gleich zu Ende.« – Ich möchte auch mal in Ruhe fernsehen können. `B`
»Hallo, willkommen bei Kommissar Berger!« – Das eine schließt ja das andere nicht aus. `E`
»Adieu, Kommissar Berger!« – Ich schalte ab und auf ihn/sie um. `D`

▶ Am sonntäglichen Frühstückstisch ist Ihr Partner/Ihre Partnerin ungewöhnlich einsilbig und vergräbt sich hinter der Zeitung.
»Möchtest du noch 'nen Kaffee, Schatz?« – Ein wenig nett sein hilft oft. `CC`
»Sag mal, ist irgend etwas?« – Vielleicht habe ich ja was falsch gemacht. `C`
»Mir schmeckt das Frühstück so nicht. Magst du sagen, was los ist?« – Heute haben wir doch Zeit, um miteinander zu sprechen. `EE`

▶ Sie sind bei Freunden. Ihr Partner/Ihre Partnerin vertritt die Meinung, daß Sie sich oft zu sehr um Äußerlichkeiten kümmern. Das finden Sie nun überhaupt nicht.

»Also hör mal, ich finde das unmöglich von dir.« – Ich bin sauer und lasse das nicht auf mir sitzen.   D, E

»Im übrigen – wie war denn euer Kegelabend?« – Ich streite mich nicht vor Dritten um unsere Angelegenheiten.   CC, AA

»Aber Schatz, das bildest du dir doch ein.« – Ich bin vorsichtig, weil es sonst leicht knallt.   C, A

▶ Es war ein schrecklicher Tag, und Sie fühlen sich ziemlich müde und klein, als Sie nach Hause kommen. Ihr Partner/Ihre Partnerin ist gerade dabei, einen Brief zu schreiben.

»Hallo, was für ein Tag! Ich brauch' erst mal Ruhe.« – Ich überlege, was ich ihm/ihr Gutes tun kann.   B, B

»Hallo, nimmst du mich mal in den Arm?« – Das hilft mir dann immer am besten.   D, D

»Hallo, wie war dein Tag?« – Ich falle nicht gern mit der Tür ins Haus.   BB, C

▶ Sie versuchen seit einiger Zeit, die neue Küchenmaschine zum Laufen zu bringen. Ihr Partner/Ihre Partnerin guckt erst zu und mischt sich dann ungeduldig ein mit der Bemerkung: »Gib her, du kannst sowas doch nicht.«

»Aber du!« – Ich haue ab und knalle die Tür zu.   C

»Na, bitte!« – Ich bin genervt und halte mich dann raus.   A, C

»Dann hilf mir, verdammt noch mal, aber mach mich nicht an!« – In so einer Situation gibt es leicht Krach.   D

▶ Ihr Partner/Ihre Partnerin hat schlechte Laune, weil er/sie findet, daß Sie auf dem Fest gestern abend zu heftig geflirtet haben.

»Sag Bescheid, wenn du wieder ansprechbar bist.« – Seine/ihre dumme Eifersucht macht mich ärgerlich.   C, B

»Es war echt nichts, komm, sei wieder nett!« – Ich bin besonders nett zu ihm/ihr.   A, C

»Komm, laß uns darüber reden!« – Ich suche das klärende Gespräch.   D, E

▶ Sie möchten gern ein ganzes Wochenende im Bett verbringen, kuscheln und faulenzen.

»Du, ich möchte gern, daß wir beide dieses Wochenende einfach hier im Bett verbringen.« – Ich hoffe, er/sie macht mit, denn mit ihm/ihr habe ich viel mehr Lust als allein. E

»Du, ich bleibe dieses Wochenende einfach im Bett.« – Wenn er/sie auch Lust hat, wird er/sie sich schon anschließen. C, B

»Wie findest du die Idee, wenn wir dieses Wochenende nur im Bett verbringen?« – Ich mache es doch nur, wenn er/sie mitmacht. A

▶ Ihr Partner/Ihre Partnerin macht Ihnen schon wieder Vorwürfe, daß Sie nicht genügend Rücksichten auf seine/ihre Wünsche nehmen.

»Bitte, hör auf damit.« – Ich habe dann immer schnell das Gefühl, mich nicht gegen seine/ihre Angriffe wehren zu können. A

»Ja, ja …« – Bei solchen Dauerthemen habe ich schon resigniert, denn die Streiterei macht ja doch keinen Sinn. A, CC

»Laß die Vorwürfe und sag mir lieber, was du möchtest.« – Ich stehe kurz vor der Explosion, und meistens explodiere ich auch. D

▶ Ihr Partner/Ihre Partnerin sagt, daß er/sie diesmal allein in Urlaub fahren möchte, weil er/sie sich in Ihrer Beziehung eingeengt fühlt.

»Willst du das wirklich?« – Ich fühle mich gleich ganz schlecht, aber möchte ihn/sie auch nicht einengen. A, C

»Keine schlechte Idee.« – Ich kenne diese Gefühle schließlich auch. B, C

»Hm, was bringt dich denn auf diese Idee?« – Ich möchte erst einmal besprechen, was zwischen uns beiden gerade nicht stimmt. E

▶ Es ist ein trüber Tag gewesen, und am Abend sagt Ihr Partner unvermittelt: »Manchmal weiß ich nicht, ob wir das alles richtig machen.«

»Ach, es läuft doch ganz prima.« – Ich muß ihn manchmal etwas aufmuntern. C, B

»Komm, laß es uns gemütlich machen.« – Wenn wir über so etwas sprechen, dann möchte ich ihm in die Augen sehen können. D

»Ja, manchmal weiß ich das auch nicht.« – Ich mache uns da nichts vor, solche Gedanken gibt es in jeder Partnerschaft. C, B

Auswertung

Teil II

Zählen Sie zusammen, wie oft Sie ein A, B oder C angekreuzt haben. (D und E spielen für die Auswertung keine Rolle.)

Haben Sie weniger Punkte als bei den einzelnen Buchstaben aufgeführt, dann haben Sie vermutlich keine großen Probleme in diesen Bereichen. Wenn Sie trotzdem wissen wollen, wo es gefährlich werden könnte, schauen Sie einfach in den Bereich hinein, in dem Sie am schlechtesten abgeschnitten haben, also der kritischen Punktzahl am nächsten liegen.

C = Kommunikation

Sprachlosigkeit ist der Partnerschaftskiller Nummer eins. Damit ist die Unfähigkeit gemeint, das anzusprechen, was einen gefühlsmäßig wirklich beschäftigt. Denn auch die tollste Villa, multiple Orgasmen oder Urlaub im Himmelbett fühlen sich leer an, wenn die Gefühle dabei nicht fließen können, wenn sich das gegenseitige Erleben dem/der anderen nicht mitteilt. Süße Worte flüstern ist leicht. Aber auch unangenehme Gefühle zu zeigen, dem Ärger freien Lauf zu lassen, Wünsche und Unsicherheiten auszupacken und sich dabei scheußlich abhängig zu fühlen – dazu gehört Mut. Wenn Sie damit warten, bis es handfeste Probleme gibt, ist es oft schon zu spät.

10 – 14 Punkte
Gefühle auszudrücken fällt Ihnen nicht leicht. Sie spüren, was mit Ihnen los ist, aber Sie behalten es für sich. Sie nehmen sich nicht wichtig genug. Wenn Ihre eigenen Empfindungen nicht zählen, was soll dann aber wichtig sein? Vielleicht setzen Sie darauf, daß sich die kleinen Gewitterwolken am Himmel Ihrer Liebe schnell von selbst wieder verziehen?

Nehmen Sie sich vor, Ihre Gefühle dann zu zeigen, wenn Sie sie haben. Es mag sein, daß Sie dabei der aktivere Teil sein müssen. Sprechen Sie doch mal mit Ihrem Partner/Ihrer Partnerin über das Miteinander-Sprechen in Ihrer Beziehung. Und über Fehler, die Sie sicherlich beide schon gemacht haben, zum Beispiel: über den anderen, statt über sich selbst zu sprechen; gleich loszuplatzen und nicht erst mal zuzuhören; alte Geschichten aufzuwärmen, statt über die Gegenwart zu sprechen.

15 – 18 Punkte
In Ihrer Beziehung scheint eine unbewußte Abmachung zu beste-

hen, gewisse Dinge nicht oder nur oberflächlich anzusprechen. So wird niemand mit unbequemen Gefühlen konfrontiert. Das gemeinsame Leben ist dann zwar nicht wirklich befriedigend, aber es tut auch nicht weh. Erst mal jedenfalls. Sie sind vermutlich davon überzeugt, daß Ihre Gefühle oft unangemessen sind und sich auch gar nicht richtig ausdrücken lassen. Doch das ist Angst vor den Gefühlen, die in Ihnen hochkämen, wenn Sie den Mund aufmachten. Aus irgendwelchen Gründen haben Sie als Kind gelernt, Ihre Gefühlswelt unter Kontrolle zu halten. Diese Gründe aber existieren heute nicht mehr. Im Gegenteil. Gerade in einer Liebesbeziehung spricht alles dafür, die eigene Innenwelt mitzuteilen.

A = Aggressionen

Liebe wird oft mit lieb sein verwechselt. So wie das kleine Kind lieb und artig sein soll, damit die Mama es lieb hat. »Nein« zu sagen oder richtig wütend zu werden, wurde wenig belohnt und scheint jetzt der Liebe abträglich zu sein. Doch das geht niemals lange gut. Dann suchen sich die zurückgehaltenen Gefühle andere Wege an die Oberfläche. Die Stimmung wird schlecht, obwohl doch alles prima ist. Der Körper schmerzt und drückt, obwohl er scheinbar gesund ist.

Eine so erreichte Harmonie macht wenig Freude. Es kommt Angst auf, denn unbewußt wissen beide, daß unter der Schicht von Friede-Freude-Liebesglück ganz andere Gefühle schlummern. Die können jederzeit durchbrechen, und aus dem Glück wird Leid. Aus Furcht davor wagt nun erst recht keine/r mehr, mal Dampf abzulassen.

4 – 6 Punkte
Sie scheinen Ihre Gefühle in schlechte und gute einzuteilen. Die guten wie Zärtlichkeit und Vertrauen kommen ins Beziehungstöpfchen, die schlechten bleiben im eigenen Kröpfchen stecken. Hier blockieren und stören sie dann alles, was an Gefühlen rein und raus möchte.
Sicher lassen Sie Ärger schon mal zu, doch Sie bremsen sich dabei. Zwar ist ungehemmtes Dreinschlagen nicht die absolute Glücksformel für das Leben zu zweit. Aber auch Wut ist eine lebendige Energie, die Ihre Beziehung dringend braucht. Und zum/zur anderen vorzudringen, um die eigene Identität nicht aufzugeben, um die eigene Lust und Sexualität zu leben, um sich stark und selbständig zu fühlen.

7 – 11 Punkte
Sie tun sich schwer damit, sich von Ihrem Partner/Ihrer Partnerin abzugrenzen. Sie schielen immer auf das Miteinander und geben dem Neben- und Gegeneinander wenig Raum. Vermutlich haben

Sie intensive Wünsche nach Nähe und Angenommensein, die in Ihrer Kindheit nicht oder wenig befriedigt worden sind. Die möchten Sie gern erfüllt haben, aber gleichzeitig machen sie Ihnen unbewußt angst, weil Nähe auch Abhängigkeit bedeutet.

Wenn es nun Krach gibt, dann werden diese Gefühle sehr stark, denn der/die andere entfernt sich ja im Streit. Und sofort ist die Angst da, er/sie könnte die Nase voll haben und ganz weggehen. Deshalb tun Sie alles, um diese Angst gar nicht aufkommen zu lassen.

Ohne Krach aber erleben Sie andererseits nie die Nähe, nach der Sie sich so sehnen. Denn nur, wenn Sie sich durchsetzen und auch auf eigenen Füßen stehen können, werden Sie sich einem Partner/einer Partnerin anvertrauen können. Der einzige Weg ist, in die Angst hineinzugehen. Mit dem Partner/der Partnerin. Sagen Sie einfach öfter mal: »Ich ärgere mich ...«

B = Angst vor Nähe

Nähe will doch jeder, wieso also sollte man Angst davor haben? Weil Nähe der Zustand ist, wo uns am meisten zustoßen kann. In der Nähe sind wir sozusagen nackt, unsere lächelnde Maske fällt. Wir sind nicht mehr groß und stark, erfolgreich, selbstbewußt, unabhängig und haben alles im Griff,

sondern klein, weich, ein wenig hilflos, voller Wünsche und Bedürfnisse, die nur in der Nähe zu einem geliebten Menschen in Erfüllung gehen.

Wie schlecht geht es uns, wenn sie uns fehlt, wieviel schlechter noch, wenn wir sie haben und wieder verlieren! Verlustangst ist ein Haupthindernis für Nähe. Bloß niemanden zu wichtig werden lassen, er/sie könnte ja wieder aus dem Leben verschwinden. Sich bloß an niemanden zu fest binden. Kurz: Nähe ja, aber innerlich immer auf Abstand bleiben. Welche Probleme das für eine Beziehung bringt, liegt auf der Hand.

5 – 7 Punkte

Sie wagen sich oft nur in die Nähe der Nähe. Dann beginnen Sie, erst ein Haar in der Beziehungsgruppe zu finden, dann noch eins und noch eins, und zum Schluß gibt es vor Haaren keine Suppe mehr. Alle liebevollen und positiven Angebote vom anderen kommen dann nicht mehr an, und mehr und mehr igeln Sie sich innerlich ein.

Sie reagieren damit mehr auf Ihre eigenen Gefühle als auf die Ihres Partners/Ihrer Partnerin. Der/die will Ihnen nichts Böses, Sie weder an die Kette legen noch Sie ausnutzen. Er/sie ist auch durchaus fähig, Ihnen etwas zu geben. Was Sie erleben, sind alte Ängste, die Sie bei Ihren Eltern oder im Zusammenhang mit fehlender Liebe erlebt haben.

8 – 10 Punkte
In Ihnen scheinen alte Gefühle und Erlebnisse noch eine ziemliche Macht zu haben. Vielleicht wissen Sie das, oder Sie ahnen es zumindest. Es hindert Sie dran, sich wirklich zu binden. Und es führt dazu, daß Sie oft unbewußt Reißaus nehmen, sobald Sie sich weich, warm, zugewandt und folglich bedürftig fühlen.

Es ist hilfreich, wenn Sie sich Gedanken über Ihre persönliche Geschichte machen und zu verstehen versuchen, warum Sie sich zurückziehen, wenn Sie sich eigentlich öffnen könnten und möchten.

Wagen Sie es, Ihre ablehnenden Gefühle auszusprechen. Solange Sie die Schuld für die von Ihnen erlebte Distanz beim andern suchen, greifen Sie ihn/sie nur an und fühlen sich um so unverstandener. Sie selbst schaffen die Situation, die Sie gleichzeitig bekämpfen.

GOLDMANN

Ratgeber von **Brigitte**

O. Holzberg/C. Clasen-Holzberg, Das große
BRIGITTE-Buch der Psychospiele   13864

Sabine Schonert-Hirz, Der BRIGITTE
Streß-Ratgeber für Frauen   13913

Christiane Tillner/Norbert Franck,
Selbstsicher reden   13742

Sylvia Schneider,
Wechseljahre   13743

Goldmann · Der Taschenbuch-Verlag

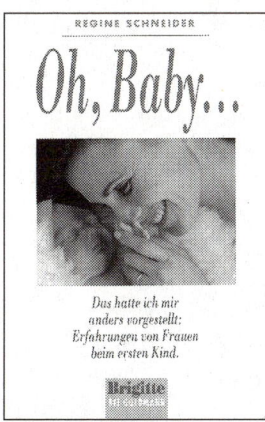